シリーズ〈行動計量の科学〉
日本行動計量学会【編集】

2

マーケティングの
データ分析

分析手法と適用事例

◆

岡太彬訓　守口　剛

［著］

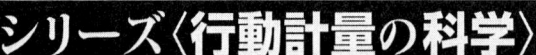

◆

朝倉書店

まえがき

　情報通信技術が発展したことにより，また，低廉な費用でこれらを利用できるようになったことにより，さまざまな分野で，従来に比べると遥かに大規模で事細かなデータが，飛躍的に容易に，安価に，短期間で入手することができるようになった．また，これらのデータを分析するための分析手法も大きく発展した．マーケティングにおけるデータ分析も例外ではない．このようなデータを巧みに分析して，データから有用な情報を取り出してマーケティング活動における意思決定に役立てている企業などがある．しかし，他方では，データは入手したが有用情報を取り出すことができず，データを収集したまま放置してあったり，あるいは，データを蓄積したままで有効に活用することができない企業なども少なくない．その原因の少なからぬ部分は，これらのデータをどのように分析したら，マーケティング活動における意思決定に有用な情報を得ることができるのかがわからない，すなわち，データ分析の方法や手順がわからないということに起因しているのではなかろうかと考えられる．

　マーケティングにおけるデータ分析の，このような意味での重要性と問題点に鑑み，本書ではマーケティングにおけるデータ分析において比較的利用される機会が多い分析手法や特色のある分析手法を取り上げ，現実のデータの分析結果とともに述べた．2章ではマーケティングにおけるデータ分析とはどのようなものなのか，ということを因子分析の結果を用いて説明しているが，3章以降の各章では，分析手法を各章1つずつ取り上げて説明し，実際に得られたデータを分析した例を解説するという構成をとった．これにより，それぞれの分析手法と，その分析手法を利用することでどのような情報が得られるのかということが，現実のデータの分析を通じて理解し，納得できるのではないかと考えるものである．分析手法の説明にあたっては，それぞれの分析手法の基本的な考え方や概念を明確に記述することに主眼を置き，詳細な計算手順につい

てはつまびらかにはしていない．各分析手法の詳細については，本文中に引用した参考文献を参照していただければ幸いである．

　本書の草稿は，1.2.1 項，2.2 節，および，3 章から 7 章を岡太が担当し，1 章の上記以外の部分，2.1 節，および，8 章から 11 章を守口が担当した．草稿をもとに，執筆者 2 人で記述の様式を統一し，さまざまな面から検討を加えて推敲を重ね，原稿全体を仕上げた．

　本書の執筆にあたっては多くの方々のご協力とご援助をいただいた．1.2.1 項，2.2 節，および，3 章から 7 章については，長崎大学経済学部の中山厚穂氏ならびに帝京大学経済学部の横山暁氏に草稿を丁寧に読んでいただいてさまざまな面から検討をしていただき，また，わかり難い表現や記述の改善について，貴重なご助言やご示唆をいただいた．ここに記して心より感謝する次第である．1 章，2.1 節，および 8 章から 11 章については，早稲田大学商学部の八島明朗氏に草稿を読んでいただき，表現や記述の改善についての助言をいただいた．ここに記して心より感謝する次第である．本書で分析したデータは（5 章を除く），ジャストリサーチサービス株式会社のご協力によって実施した調査で得られたものである．ご協力に対して同社に謝意を表す．5 章で分析したデータは，早稲田大学商学部守口ゼミナールの学生を中心に収集した．データ収集にご協力いただいた諸君にお礼を述べたい．4 章の分析では，多摩大学経営情報学部教授の今泉忠氏に，同氏の作成したプログラムによって結果を出力していただいた．謝意を表す次第である．

　最後になってしまったが，本書の出版にあたり，朝倉書店編集部の諸氏には終始たいへんお世話になった．予定よりも原稿が遅れるなか，諸氏のひとかたならぬご尽力により，本書を出版することができた．ここに感謝の意を記す次第である．

2010 年 5 月

岡 太 彬 訓
守 口 　 剛

本書中，分析に使用したプログラムについて

2章　因子分析法
　IBM SPSS Statistics を用いた．

3章　多次元尺度構成法
　岡太彬訓・今泉　忠著『パソコン多次元尺度構成法』（共立出版，1994年刊）のソフト PCKRUS の Windows 用の試作版を用いた．プログラムのアルゴリズムそのものは，DOS 版の PCKRUS と同じである．

4章　非対称多次元尺度構成法
　多摩大学経営情報学部教授・今泉　忠氏が作成した R による非対称多次元尺度構成法のプログラムを用いた．このプログラムの利用については，朝倉書店のホームページに案内を掲載する予定であるので参照されたい（本稿執筆時点では未定）．

5章　コンジョイント分析法
　岡太彬訓・今泉　忠著『パソコン多次元尺度構成法』（共立出版，1994年刊）のソフト PCCONJ の Windows 用の試作版を用いた．プログラムのアルゴリズムそのものは，DOS 版の PCCONJ と同じである．

6章　クラスター分析法
　岡太彬訓・今泉　忠著『パソコン多次元尺度構成法』（共立出版，1994年刊）のソフト PCCLUS の Windows 用の試作版を用いた．プログラムのアルゴリズムそのものは，DOS 版の PCCLUS と同じである．

7章　重複クラスター分析法 ADCLUS
　岡太彬訓・今泉　忠訳『3元データの分析―多次元尺度構成法とクラス

ター分析法—』（共立出版，1990年刊）のソフト INDC3WAY の Windows 用の試作版を用いた．プログラムのアルゴリズムそのものは，DOS 版の INDC3WAY と同じである．

8 章　潜在クラス分析法

　潜在クラス分析の専用ソフトである，Latent GOLD を用いた．このソフトは英語版であるが，株式会社エスミから，Latent GOLD をベースにした日本語版のソフト「EXCEL アドイン潜在クラス分析」が販売されている．

9 章　共分散構造分析法

　共分散構造分析の専用ソフトである Amos を用いた．

10 章　多項ロジットモデル

　SAS/OR の NLP プロシジャーを用いた．NLP を利用する際には簡単なプログラミングが必要となるが，その分さまざまなモデルを柔軟に分析することができる．なお，多項ロジットモデルは，SAS/STAT の Phreg プロシジャーを用いて分析することも可能である．

11 章　データマイニング

　データマイニングツールである IBM SPSS Modeler を用いた．

・分析に使用したデータについて

　本書で分析したデータは（5 章を除く），ジャストリサーチサービス株式会社の協力を得て実施した調査で得られたものである．分析で用いた原データが，以下のホームページにアップロードされている．このデータは，下記のサイトからダウンロードすることができる．

　　　朝倉書店 URL　http://www.asakura.co.jp/download.html
　　　守口　剛研究室 URL　http://www.moriguchi.rgr.jp/books/mktda/

目　　次

1. マーケティングにおける分析手法とデータ ……………………………… 1
　1.1　マーケティングにおけるデータ分析の目的と手法 ………………… 1
　　1.1.1　マーケティングにおけるデータ分析の目的 ………………… 2
　　1.1.2　マーケティングにおけるデータ分析の手法 ………………… 3
　1.2　マーケティングにおけるデータ ……………………………………… 5
　　1.2.1　データ形式の分類 ……………………………………………… 6
　　1.2.2　データの比較の範囲 …………………………………………… 8
　　1.2.3　データを測定する尺度 ………………………………………… 8
　　1.2.4　データの出処 …………………………………………………… 9

2. ポジショニング分析−マーケティングデータの分析例− ……………… 13
　2.1　マーケティングにおけるデータ分析の役割 ………………………… 13
　　2.1.1　ポジショニングの重要性 ……………………………………… 13
　　2.1.2　ポジショニング分析の方法 …………………………………… 15
　　2.1.3　ポジショニング分析の例 ……………………………………… 16
　2.2　因子分析法−評価の要因を探す− …………………………………… 21
　　2.2.1　目　　的 ………………………………………………………… 21
　　2.2.2　データ …………………………………………………………… 21
　　2.2.3　方　　法 ………………………………………………………… 22

3. ブランドの類似関係を図に表現する−多次元尺度構成法− …………… 26
　3.1　目　　的 ………………………………………………………………… 26
　3.2　デ　ー　タ ……………………………………………………………… 27
　3.3　方　　法 ………………………………………………………………… 28
　　3.3.1　モデル …………………………………………………………… 28

3.3.2　散布図とストレス……………………………………………29
　　　3.3.3　アルゴリズム………………………………………………31
　　　3.3.4　分析の進め方………………………………………………34
　　　3.3.5　退　化………………………………………………………37
　　　3.3.6　データの諸問題……………………………………………38
　3.4　応用例－ビール類の飲用経験の共有－……………………………41

4. ブランドの非対称関係を明らかにする－非対称多次元尺度構成法－………44
　4.1　目　的……………………………………………………………44
　4.2　多次元尺度構成法による非対称類似度の分析……………………44
　4.3　非対称多次元尺度構成法……………………………………………47
　　　4.3.1　データ………………………………………………………47
　　　4.3.2　方　法………………………………………………………48
　　　4.3.3　分析の進め方………………………………………………51
　　　4.3.4　2相3元データの分析：2相3元非対称多次元尺度構成法………51
　4.4　応用例－ビール類の飲用経験の非対称性－………………………52

5. 商品の属性は評価へどう影響するのか－コンジョイント分析法－………55
　5.1　目　的……………………………………………………………55
　5.2　デ　ー　タ………………………………………………………55
　5.3　方　　法…………………………………………………………56
　　　5.3.1　モデル………………………………………………………56
　　　5.3.2　アルゴリズム………………………………………………56
　　　5.3.3　分析の進め方………………………………………………57
　　　5.3.4　データの問題………………………………………………57
　5.4　応用例－ビール類の属性を評価する－……………………………58

6. ブランドや消費者を分類する－クラスター分析法－………………………61
　6.1　目　的……………………………………………………………61
　6.2　デ　ー　タ………………………………………………………61

6.3 方　　法 …… 62
　6.3.1 階層クラスターと非階層クラスター …… 62
　6.3.2 アルゴリズム …… 62
　6.3.3 樹状図 …… 67
　6.3.4 階層クラスター分析法による分類 …… 68
6.4 さまざまな手法 …… 68
　6.4.1 非類似度の分析 …… 69
　6.4.2 ウォード法 …… 69
　6.4.3 非階層クラスター分析法 …… 75
6.5 クラスター分析法と多次元尺度構成法などの併用 …… 76
6.6 応用例－飲用経験によるビール類の分類－ …… 77

7. ブランドの特性の重なりを明らかにする
　　　　－重複クラスター分析法 ADCLUS－ …… 82
7.1 目　　的 …… 82
7.2 デ　ー　タ …… 83
7.3 方　　法 …… 84
　7.3.1 モデル …… 84
　7.3.2 アルゴリズム …… 85
　7.3.3 分析の進め方 …… 86
7.4 さまざまなデータの分析 …… 87
　7.4.1 非類似度 …… 87
　7.4.2 2相3元類似度の分析 …… 87
　7.4.3 単相3元類似度の分析 …… 88
　7.4.4 その他の形式の類似度の分析 …… 89
7.5 応用例－ビール類の飲用経験の重なり－ …… 89

8. 消費者セグメントの特徴を把握する－潜在クラス分析法－ …… 91
8.1 目　　的 …… 91
8.2 デ　ー　タ …… 92

8.3　方　　法 …………………………………………………………… 93
　　8.3.1　モデル ………………………………………………………… 93
　　8.3.2　推定方法 ……………………………………………………… 94
　　8.3.3　分析の進め方 ………………………………………………… 95
　8.4　潜在クラス分析法の拡張 ………………………………………… 97
　8.5　応用例－ビール類の飲用シーンからみた潜在的セグメントの抽出－ ……… 99

9.　消費者のブランド選好を構造的に把握する－共分散構造分析法－ ……… 104
　9.1　目　　的 …………………………………………………………… 104
　9.2　デ　ー　タ ………………………………………………………… 105
　9.3　方　　法 …………………………………………………………… 106
　　9.3.1　モデル ………………………………………………………… 106
　　9.3.2　推定方法 ……………………………………………………… 108
　　9.3.3　分析の進め方 ………………………………………………… 109
　9.4　応用例－ビール類のブランド選好構造－ ……………………… 112
　　9.4.1　10ブランド全体の分析 ……………………………………… 112
　　9.4.2　多母集団の同時解析 ………………………………………… 115

10.　消費者のブランド選択行動を分析する－多項ロジットモデル－ ………… 118
　10.1　目　　的 ………………………………………………………… 118
　10.2　デ　ー　タ ……………………………………………………… 119
　10.3　方　　法 ………………………………………………………… 121
　　10.3.1　モデル ……………………………………………………… 121
　　10.3.2　推定方法 …………………………………………………… 122
　　10.3.3　分析の進め方 ……………………………………………… 123
　10.4　ロジットモデルの拡張－個人間異質性の考慮－ …………… 124
　10.5　応用例－ビール類のブランド選択行動－ …………………… 126

11. 大規模データから意味のある規則性や関係を発見する
　　　　　　ーデータマイニングー……………………………………………130
　11.1 目　　的……………………………………………………………130
　11.2 データマイニング手法の整理……………………………………131
　11.3 デ　ー　タ…………………………………………………………133
　11.4 方　　法……………………………………………………………134
　　11.4.1 モデル………………………………………………………134
　　11.4.2 過剰学習と枝狩り…………………………………………136
　　11.4.3 分析の進め方………………………………………………137
　11.5 応用例ープレミアム・モルツの選択要因ー……………………139

文　　献……………………………………………………………………143

索　　引……………………………………………………………………151

1

マーケティングにおける分析手法とデータ

1.1 マーケティングにおけるデータ分析の目的と手法

　今日では，データ分析力が企業のマーケティング活動の巧拙を左右する大きな要因の1つになってきている．その最も大きな理由は，情報通信技術の進展を背景として，さまざまな業種における多くの企業が大規模かつ詳細なデータを利用できるようになったことである．たとえば，アマゾンのようなネット小売業者は，自社の顧客が何をいつ買ったのか，自社のWebサイト内でどのような検索語を入力しどのページを見たのか，といったデータを毎日蓄積している．

　これらのデータは，顧客がWebサイトの閲覧や商品の購買を行うごとに自動的にコンピュータに蓄積される．アマゾンに限らず，今日では多くの企業がさまざまな仕組みを通じて，マーケティングの計画，実行のために有益なデータを収集，蓄積している．

　情報通信技術の進展とそれに伴うハードやソフトの低価格化によって，多くの企業が大規模データの収集と蓄積を実現してきた一方，企業のデータ分析力の向上度合いに関しては，企業間で大きな差がある．アマゾンのように，蓄積した大量のデータを分析し，マーケティング活動にうまく活用している企業がある一方では，大量のデータを蓄積しながら宝の持ち腐れに終わっている企業も多い．

　このように，現状では，大規模で有用なデータが多くの企業で蓄積されてきている一方で，データ分析力や活用レベルには企業間で大きな格差が存在して

いる.マーケティング活動を効果的に実践するためにデータ分析力がますます重要となってきた背景には,こうしたことがある.

それでは,マーケティングにおけるデータ分析は,どのようなことをねらいとして,どのような方法で実施されるのだろうか.本節では以下,マーケティングにおけるデータ分析の目的と手法について解説する.

1.1.1　マーケティングにおけるデータ分析の目的

マーケティングにおけるデータ分析の目的はさまざまであるが,主要な目的を抽出すると表1.1のように整理することができる.分析目的の1つは,マーケティング計画の策定である.たとえば,新製品の価格設定を行うために,既存の販売データから価格弾力性を算出し価格と売上・利益との関係を分析することなどは,この目的に該当する.マーケティング活動の効果測定も主要な目的の1つである.過去の販売実績のデータからブランド力を評価したり,広告効果の測定を行うなどのことが,この目的に含まれる.

売上予測のうち,既存製品の売上予測と,商品カテゴリーの季節性分析には,過去の販売データが利用される.販売データから売上のトレンドやマーケティング活動の影響を分析することによって,季節変動の抽出や売上予測を行う.一方,新製品の売上予測を行う際には,対象製品の過去の売上は利用できない.このため,新製品の売上予測においては,その製品の受容性に関する消費者調査や類似製品の過去データが利用される.

市場構造の把握は,主として競合製品と対象製品との関係に焦点を当て,市場における競争構造や製品のポジショニングを分析するものである.新製品導入時におけるマーケティング計画策定の基礎資料としたり,競合製品との関係から既存の製品の評価を行う際などに利用する.

顧客の特徴把握は,自社顧客に関する特徴をさまざまな視点で把握するためのものである.顧客ロイヤルティの把握や,顧客の生涯価値(customer life time value)の測定などがこの目的に包含される.消費者行動の把握は,自社顧客も含め市場における消費者全体の行動の特徴を把握することを目的とするものである.市場における消費者セグメントの把握や消費者ニーズの把握などがこの目的に含まれる.

表 1.1 マーケティングにおけるデータ分析のおもな目的

分析目的	具体的な例
マーケティング計画の策定	製品スペックの決定 価格設定 広告出稿計画 SP計画 店舗立地計画
マーケティング活動の効果測定	製品力の評価 ブランド力の評価 広告効果測定 SP効果測定 価格効果測定 立地効果測定
売上予測	新製品の売上予測 既存製品の売上予測 商品カテゴリーの季節性分析
市場構造の把握	競争構造の把握 サブカテゴリーの規定 ポジショニング分析
顧客の特徴の把握	顧客ロイヤルティ分析 顧客生涯価値の測定 顧客離脱分析 顧客ターゲット分析 優良顧客の識別
消費者行動の特徴の把握	消費者セグメント分析 消費者ニーズ分析 ブランド選択行動分析 商品の併買行動分析 店舗選択行動分析

1.1.2 マーケティングにおけるデータ分析の手法

表1.2はマーケティングでよく利用されるデータ分析の手法と，その手法の代表的な活用領域を示したものである．表1.2に示されているように，マーケティングにおけるデータ分析には，回帰分析法（regression analysis）や因子分析法(factor analysis)のような一般的な多変量解析の手法が用いられるほか，多項ロジットモデル（multinomial logit model）（Guadagni and Little, 1983；McFadden, 1974）のような応用的な手法も利用される．

表 1.2 マーケティングでよく利用されるデータ分析手法

分析手法	活用領域の例
回帰分析法	売上予測，マーケティング効果の測定
因子分析法	ポジショニング分析，消費者ニーズ分析
コンジョイント分析法	製品スペックの評価，価格設定
多次元尺度構成法	ポジショニング分析，消費者セグメント分析
コレスポンデンス分析法	ポジショニング分析，消費者セグメント分析
クラスター分析法	消費者セグメント分析，競争構造の把握，サブカテゴリーの規定
潜在クラス分析法	消費者セグメント分析，競争構造の把握，サブカテゴリーの規定
共分散構造分析法	製品力評価，ブランド力評価，マーケティング効果の測定
多項ロジットモデル	ブランド選択行動分析，店舗選択行動分析
決定木	顧客ターゲティング，優良顧客の識別
ニューラルネットワーク	売上予測，顧客ターゲティング，優良顧客の識別
アソシエーションルール	商品の併買行動分析

　また，近年では，データの大規模化に対応してデータマイニング手法も多く利用されるようになっている．表 1.2 のうち，決定木（decision tree），ニューラルネットワーク（neural network），アソシエーションルール（association rule）の 3 つの手法は，大規模データに適用されることが多く，データマイニング手法として位置づけられる場合が多い．ただし，データマイニングは，「大規模データベースから意味のある規則性，パターン，関係を発見する一連のプロセス」を意味しており，特定の分析手法を指すわけではない．したがって，データマイニング手法という用語は，データマイニングによく利用される分析手法群という程度の意味であり，その手法群が固定されているわけではない．回帰分析法のような伝統的な手法も，データマイニング手法として利用されることもある．

　表 1.2 で示されるように，マーケティングにおけるデータ分析手法は多岐にわたるため，本書においてそれらのすべてについて解説することはできない．表 1.2 のうち，本書で扱っていない分析手法は，回帰分析法，コレスポンデンス分析法（correspondence analysis），ニューラルネットワーク，アソシエーションルールの 4 つである．回帰分析は多変量解析の中でも最も一般的な手法であり，多くの書籍で扱われている．コレスポンデンス分析は，Greenacre (2007)，Greenacre and Blasius (2006) で包括的な解説がされており，朝野

(2000) にはポジショニング分析への応用も含めたわかりやすい説明がある．さらに，朝野 (2008a) では，2つの種類の対象（たとえば，顧客とブランド）を同時にマッピングするための新しい手法が解説されている．

ニューラルネットワークとアソシエーションルールは，データマイニング手法について解説された多くの書籍で扱われている．たとえば，Berry and Linoff (2004) [江原ら（訳），2005]，Berry and Linoff (2000) [江原ら（訳），2002a]，加藤ら (2008)，豊田 (2008a) はいずれも，ニューラルネットワークとアソシエーションルールのそれぞれについて章を設けて解説している．

上述したデータの大規模化に伴うデータマイニング手法の進展とともに，データ分析における特筆すべき大きな流れの1つにあげられるのは，推定方法としてのベイズ法の活用の進展である．この潮流は，マーケティングにおけるデータ分析に限るものではない．計量経済学，ファイナンス，心理学などのさまざまな領域で，ベイズ法による推定が急速に進展している．この進展の背景には，マルコフ連鎖モンテカルロ（**M**arkov **C**hain **M**onte **C**arlo：MCMC）法と呼ばれる計算手法の進展がある．MCMC法については，和合 (2005)，豊田 (2008b) などを参照のこと．

マーケティングにおけるデータ分析においては，多項ロジットモデルや回帰分析法などにおいてベイズ法による推定が利用されるとともに，こうした推定法を前提としたモデル構築が行われている．たとえば，多項ロジットモデルのパラメータの個人間異質性を考慮したモデル化を行い，個人別パラメータを推定するといった方法が，ベイズ法の活用の典型的な例である．

ベイズ法を用いたモデル化と推定方法は，本書が想定しているマーケティング・データ分析の基本的手法の範囲を超えるため扱わないが，興味のある読者は，Rossi *et al.*, (2006)，照井 (2008) などを参照してほしい．

1.2 マーケティングにおけるデータ

本節では，マーケティングにおけるデータについて，形式，測定する尺度，出処（データをどこからどのように収集したか）などについて述べる．

表 1.3 消費者によるブランドの評価

		ブランド				
		1	2	$\cdots$	j	$\cdots$ M
消費者	1	x_{11}	x_{12}	$\cdots$	x_{1j}	x_{1M}
	2	x_{21}	x_{22}	$\cdots$	x_{2j}	x_{2M}
	$\vdots$	$\vdots$	$\vdots$		$\vdots$	$\vdots$
	i	x_{i1}	x_{i2}	$\cdots$	x_{ij}	x_{iM}
	$\vdots$	$\vdots$	$\vdots$		$\vdots$	$\vdots$
	N	x_{N1}	x_{N2}	$\cdots$	x_{Nj}	x_{NM}

表 1.4 ブランドスイッチ行列

		ブランド				
		1	2	$\cdots\cdots$	k	$\cdots$ M
ブランド	1	n_{11}	n_{12}	$\cdots\cdots$	n_{1k}	n_{1M}
	2	n_{21}	n_{22}	$\cdots\cdots$	n_{2k}	n_{2M}
	$\vdots$	$\vdots$	$\vdots$		$\vdots$	$\vdots$
	j	n_{j1}	n_{j2}	$\cdots\cdots$	n_{jk}	n_{jM}
	$\vdots$	$\vdots$	$\vdots$		$\vdots$	$\vdots$
	M	n_{M1}	n_{M2}	$\cdots\cdots$	n_{Mk}	n_{MM}

1.2.1 データ形式の分類

本小節では,マーケティングで分析するさまざまなデータの形式の分類を述べる.これにより,データ分析の目的にかなったデータの収集や適切な手法の選択が容易になる.最も広く用いられている Carroll and Arabie (1980) の分類方法を述べる(岡太・今泉,1994:pp.143-146 を参照).その特徴は,データが表す内容とは無関係に,データが構成されている形式だけに注目することである.たとえば,N 人の消費者が M 個のブランドを評価したデータを考える.このデータは,表 1.3 のように,行が消費者に対応し,列がブランドに対応する $N \times M$ の表にまとめられる.

表 1.3 の第 (i, j) 要素 x_{ij} は,消費者 i のブランド j に対する評価であり,消費者とブランドの組合せ(消費者×ブランド)で得られている.この分類法では,データを構成するブランド,消費者などを,相(mode)とよび,相の組合せがデータを構成すると考える.消費者とブランドはそれぞれが 1 つの相であり,消費者とブランドという 2 つの相の組合せが,データを構成する.

一方,表 1.4 は,M 個のブランド間のブランドスイッチ行列である.表 1.4 の第 (j, k) 要素 n_{jk} は,ブランド j から k へのブランドスイッチ頻度である.ブランドは 1 つの相であり,表 1.4 の各要素は,ブランドという 1 つの相を反復させ 2 回組み合わせて(ブランド×ブランド)得られている.相の組合せ回数を元(way)という.

この分類法は,相の個数と元の個数により,データを分類する.表 1.3 では,

2つの相が組み合わされて（すなわち2つの元）データが構成されており，2つの相と2つの元から構成された2相2元データである．表1.4では，1つの相が反復されて2回組み合わされてデータが構成されており，1つの相と2つの元から構成された単相2元データである．I個の相とJ個の元（$I \leq J$）により構成されるデータは，I相J元データである．以下では，マーケティングにおける主要なデータ形式について述べる．

単相2元データ　1つの相が2回組み合わされて構成される．表1.4のような，ブランド×ブランド，あるいは，特性×特性などのデータである．

2相2元データ　2つの相が組み合わされて（2つの元）構成される．表1.3のような，消費者×ブランド，あるいは，ブランド×特性などのデータである．

2相3元データ　1つの相の2回の組合せに，さらに1つの相が組み合わされて構成される．単相2元データ，たとえば，ブランドスイッチ行列が，N個の地域別に合計N個得られている場合である．N個のブランドスイッチ行列は，ブランド×ブランド×地域という組合せで構成される．図1.1は，2相3元データであるN個のブランドスイッチ行列を示す模式図である．

3相3元データ　2相2元データに，さらに1つの相が組み合わされて構成される．消費者のブランドへの評価を表す消費者×ブランドの2相2元データが，地域別に得られているならば，このデータは，消費者×ブランド×地域の

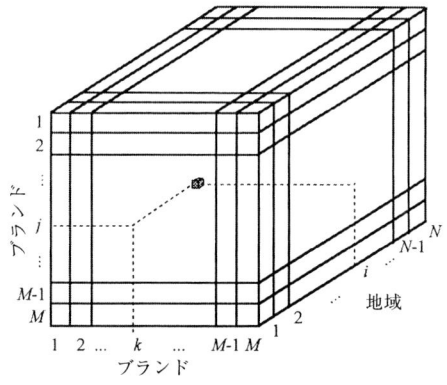

図1.1　2相3元データ
地域iの第(j,k)要素は，地域iのブランドjからkへのブランドスイッチ頻度である．

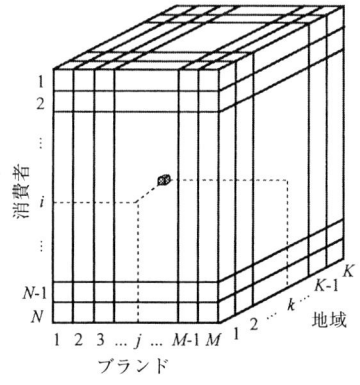

図1.2　3相3元データ
地域kの第(i,j)要素とは，地域kの消費者iのブランドjへの評価である．

組合せで構成されており，消費者という相，ブランドという相，地域という相が，1回ずつ合計3回組み合わされている．図1.2は，3相3元データである消費者×ブランド×地域のデータを示す模式図である．

単相3元データ 1つの相が3回組み合わされて構成される．ブランド×ブランド×ブランドなどのデータである．たとえば，3つのブランドが同時に購入される頻度からなるデータは，ブランド×ブランド×ブランドの単相3元データである．

1.2.2 データの比較の範囲

2相3元データで，複数の単相2元データを横断的に比較できるのか，たとえば，図1.1のブランドスイッチ行列で，2つの地域のブランドスイッチ頻度が比較できるのかという問題である．異なる地域のブランドスイッチ頻度が常に比較できるわけではない．また，表1.3の消費者×ブランドの2相2元データで，異なる消費者のブランドへの評価（異なる行の要素）が比較できるのかという問題である．ある消費者の評価と別の消費者の評価は，たとえ同じ値であっても，選好の強さが等しいというわけではない（Carroll and Arabie, 1980および岡太・今泉，1994：pp.146-148を参照）．比較できるデータの範囲に対応したデータ分析が必要である．

1.2.3 データを測定する尺度

データを構成する個々の要素（値）が測定されている水準も，データ分析では重要である．ブランドスイッチ頻度であれば，2つの頻度を比較して，一方が他方の何倍である，ということができる．ブランドスイッチ頻度は比例尺度で測定されていると考えられるからである．一方，ブランドに対する選好順位であれば，選好順位1と2の差は選好順位2と3の差と同じであるとはいえない．選好順位1, 2, 3の順で選好度が大きいということまではいえるが，隣り合う順位の差が必ずしも等しいわけではない．ブランドに対する選好順位は順序尺度で測定されていると考えられるからである．データが，名義尺度，順序（順位）尺度，間隔尺度，比例(比率，比)尺度のどの水準で測定されているのかということを判断する必要がある（Carroll and Arabie, 1980；岡太ほか，1995：

pp. 5-6；Stevens, 1951［吉田（訳），1968：pp. 71-132］）．4つの尺度は，それぞれ以下のような意味をもつ．
・名義尺度：値が異なるあるいは同じであることに意味がある．
・順序(順位)尺度：名義尺度のもつ意味に加え値の大小に意味がある．
・間隔尺度：順序尺度のもつ意味に加え値の差に意味がある．
・比例(比率,比)尺度：間隔尺度のもつ意味に加え値の比に意味がある．
名義尺度から比例尺度まで，順次階層的に表す情報が多くなる．データ分析では，データを測定した尺度を考えた分析をしなければならない．

1.2.4 データの出処

マーケティングで利用されるデータは，大きく一次データと二次データとに分けられる．一次データは，特定の調査目的のために取得されるオリジナルなデータのことであり，質問票を用いた質問調査などによって取得される．これに対し二次データは，特定の調査目的のために新たに取得するのではなく，すでにどこかに存在しているデータを意味する．

二次データはさらに，社内データと社外データとに分けることができる．社内二次データは，企業の内部にすでに存在しているデータであり，特定の調査目的とは別の目的で蓄積されているものである．たとえば，小売業ではPOS（point of sales）システムを通じてPOSデータが毎日蓄積されている．小売店舗のレジ担当者は，買物客がレジに来るたびにPOSシステムを利用して精算業務を行っている．この精算業務の結果として，商品の販売に関するデータが自動的に店舗のコンピュータに蓄積されてくる．このように，POSデータは精算業務という小売店舗における日常業務の結果として蓄積されるデータであるが，小売業者が自社のマーケティングに関する計画や評価を行う際にも有効に活用できる．近年では，POSデータのように，企業の日常業務を通じて自動的に蓄積されるデジタルベースのデータの利用可能性が大きく拡大している．

社外二次データにはさまざまな種類がある．その1つは，官公庁が提供している統計データである．たとえば，総務省が実施・提供している家計調査は，マーケティング計画やその評価の基礎データとしてよく利用される．これは，日本

表 1.5 マーケティングでよく利用される二次データ

調査データ名	実施機関
国勢調査	総務省統計局
家計調査	総務省統計局
商業統計	経済産業省経済産業政策局
商業動態統計調査	経済産業省経済産業政策局
サービス業基本調査	総務省統計局
百貨店販売額	日本百貨店協会
チェーンストア販売統計	日本チェーンストア協会
コンビニエンスストア売上高	日本フランチャイズチェーン協会
SC 年間販売統計調査	日本ショッピングセンター協会
通信販売売上高	日本通信販売協会
新車登録台数	日本自動車販売連合会
新聞広告 各種調査	日本新聞協会
雑誌発行部数リスト	日本雑誌協会
消費者心理調査	日本リサーチ総合研究所
生活者意識調査	日本銀行
新聞雑誌広告 広告出稿動向	エム・アール・エス広告調査(株)
テレビ視聴率	(株)ビデオリサーチ
広告経済関連データ	(株)電通
SRI（全国小売店パネル調査）	(株)インテージ
SCI（全国消費世帯パネル調査）	(株)インテージ
食マップ（世帯食卓調査）	(株)ライフスケープマーケティング

　全国の約 9 千世帯における家計収入，支出などに関する調査であり，集計値が公表されている．

　業界団体が公表している業界統計データも有用な二次データの 1 つである．たとえば，小売販売額の動向を把握するために，百貨店協会やチェーンストア協会などの統計データが利用される．

　この他の社外データとしては，調査会社が提供しているシンジケートデータがある．これは，多数の企業が使える汎用的なデータを調査会社が収集し提供しているもので，一企業ではコスト負担ができないような大規模なデータがこのタイプとなることが多い．表 1.5 は，マーケティングでよく利用される社外二次データを整理したものである．

　このように，マーケティングで利用されるデータは多岐にわたるが，以下ではデータ分析の対象としてよく利用される代表的なデータを列挙し，その特徴

を説明しよう.

質問調査データ 特定の調査目的のために一次データを取得する場合，質問調査を利用することが最も一般的だと思われる．調査方法は，郵送，電話，インターネット，訪問，店頭，街頭など多岐にわたる．近年ではこれらのうち，インターネットを利用した質問調査が，急速にそのウェイトを拡大してきている．2 章以降の分析で利用する調査データも，インターネット調査で取得されたものある．

どの方法で調査を行うにしても，回答データがどのような尺度（1.2.3 項を参照）によるものなのかによって，利用できる分析手法が異なってくる．このため，調査を実施する際には，どのような尺度で回答してもらうのかを，利用する分析手法との関連で適切に設定することが非常に重要である.

POS データ 小売業や飲食業などのサービス業では，多くの店舗が POS システムを導入している．この場合，先述したように精算業務を行うことによって自動的に販売情報が店舗のコンピュータに蓄積される．このデータは POS データと呼ばれる．POS データは，特定の店舗において，「何が」，「いつ」，「いくらで」，「いくつ」売れたのかを示すものであり，通常は日別に集計された状態でコンピュータに蓄積されている．POS システムを導入しているサービス業者であれば，自社の POS データを分析することができる．また，表 1.5 にある SRI というデータベースは，調査会社が小売業者から POS データを収集し，メーカーなどの企業に販売しているシンジケートデータである．

ID 付き POS データ POS データに顧客別の ID が付加されたデータは，ID 付き POS データと呼ばれる．近年では，多くの小売業者がフリケント・ショッパー・プログラム（Frequent Shopper Program：FSP）と呼ばれる仕組みを導入している．この仕組みは，会員顧客に ID カードを渡し，買物のたびにカードを提示してもらいポイントなどを提供するものである．会員顧客はポイントを蓄積するために，買物のたびにレジでカードを提示することになる一方，カードに記載されている ID 番号をレジで読み取ることによって，POS データと ID 番号とがマッチングされる．これにより，POS データに「誰が」買ったのかという情報が追加され，消費者の購買履歴を捕捉することが可能となる．もちろん通常は顧客情報が厳重に管理されているため，「誰が」の部分は個人

名や住所ではなく，ID 番号が入力されデータベース化されている．

Web アクセス・ログ・データ　Web サイトを運営している人や組織は，専用のソフトウェアなどを利用することによって，サイト閲覧者数の時系列動向や，サイト内のページの閲覧状況などを捕捉することができる．このようなデータは，Web アクセス・ログ・データと呼ばれる．このデータから Web サイト閲覧者数の変化をみることができるだけでなく，訪問者がサイト内のページをどのように閲覧しているのかというページ間遷移や，それぞれのページの閲覧時間などを捕捉することができる．また，Web サイトを通じて販売を行っているネット小売業であれば，同一顧客のページ閲覧行動と購入行動との関連を分析することも可能となる．

2

ポジショニング分析
―マーケティングデータの分析例―

2.1 マーケティングにおけるデータ分析の役割

　本節では，マーケティング戦略の策定や評価に関してデータ分析がどのような役割を果たし得るのかということについて，ブランドのポジショニングを例に説明する．

2.1.1 ポジショニングの重要性

　マーケティング戦略上の意思決定における重要な課題の1つが，ポジショニングの決定である．ポジショニングは，Ries and Trout（1982）によって提唱された概念であり，「標的顧客の心の中に独自のポジションを占めるために，ブランドの特徴やイメージをデザインすること」である（Kotler and Keller, 2006：p.310［月谷（訳），2008：p.386］をもとに一部文言を修正）．ポジショニングが明確でないブランドは，消費者にとってはとらえどころのない，顔の見えないブランドだと認識されてしまう．ポジショニングの良否によって，マーケティング活動の効率が大きく左右される．

　ポジショニングにはさまざまな切り口がある．製品属性に基づくポジショニングはその1つである．たとえば，パソコンやデジタルカメラなどの製品では，「最も軽い」，「最も薄い」といった物理的な製品属性がポジショニングの切り口として使われることが多い．製品の用途や使用目的によってポジショニングが行われる例も多い．たとえば，アサヒ飲料のワンダという缶コーヒーのブランドは，「朝専用の缶コーヒー」というように用途によってポジショニングを

行い，その用途における大きな需要を獲得することに成功した．

また，アサヒビールグループの代表的なブランドであるアサヒスーパードライは，1987年の発売当初から，辛口，キレ，クリアな味という味の特徴と，爽快感，挑戦といった飲んだ後の気分の高揚感をキーとしてポジショニングを行ってきた．前者の味や飲み口などは，ビールという製品本来の成分や製法に由来するものであり，これらに関連したベネフィットは機能便益と呼ばれる．一方，爽快感などの感情や気分に関連するベネフィットは情緒便益と呼ばれる．情緒便益は，製品そのものの特徴からもたらされる側面もあるが，それよりも広告表現やブランド名などに強く影響されると考えられる．

アサヒスーパードライに限らず，多くのビール類のブランドのポジショニングは，上述した機能便益と情緒便益に関連する特徴をキーとして行われている場合が多い．たとえば，発泡酒の代表的なブランドである麒麟淡麗〈生〉は，「本格的なうまさと爽快なキレ味」をうたっており，発泡酒よりも安い第3のビールの代表的ブランドであるキリンのどごし〈生〉は，「すっきりした喉越しと，しっかりしたうまさ」を訴求している．

もっとも，こうした訴求がそのまま消費者に理解され，彼らの心の中に位置づけられるとは限らない．消費者は市場に存在するさまざまなブランドの相対的な比較によって，それぞれのブランドの相対的な位置づけを心の中で行っている．このため，強力な既存ブランドと同じようなポジションを後発のブランドが狙おうとしても，意図通りの位置づけを得ることは難しい．

たとえば，アサヒスーパードライは「辛口，キレ，爽快，挑戦」という訴求を長い間にわたり継続的に行っており，多くの消費者の心の中に強固なポジションを築き上げている．したがって，同様のポジションを，アサヒスーパードライを押しのけて後発のブランドが奪い取ることは非常に難しいと考えられる．

このように，ポジショニングは「消費者の心の中にブランドを位置づける」という作業であるため，ポジショニングが成功しているかどうかを判断するためには，消費者が他の競合ブランドとの比較において，自社ブランドをどのように位置づけているのかを知る必要がある．さらに，新製品のポジショニングを計画する際にも，既存ブランドのポジションを知ることは重要である．

それでは，消費者の心の中におけるブランドの位置づけを，我々はどのよう

に知ることができるだろうか．このような課題に対しては，複数のアプローチによってデータ分析を行うことができる．

2.1.2 ポジショニング分析の方法

上述したようなブランドのポジショニングにかかわる分析は，ポジショニング分析と総称される．ポジショニング分析の骨子は，市場におけるそれぞれのブランドを消費者が心の中でどのように位置づけているのかを把握することである．このような，消費者の心の中におけるブランドの位置づけを図示したものは，知覚マップ（perceptual map）と呼ばれる（Hauser and Koppelman, 1979;Urban and Hauser, 1980;Urban et al., 1987）．ここでは，消費者調査のデータを利用して知覚マップを作成し，ブランドのポジションについて検討しよう．

知覚マップを作成するための分析手法には，因子分析法，多次元尺度構成法（3章を参照），コレスポンデンス分析法などがある．因子分析法は，ブランドのさまざまな特徴に関する消費者の評価をもとに，消費者の知覚を把握しようとするものである．因子分析法による知覚マップの作成については，具体的な分析例を後述する．

多次元尺度構成法は，ブランド間の類似度（あるいは非類似度）や消費者の選好度などをもとに，対象ブランドや消費者を少数の次元からなる空間に位置づける手法である．たとえば，対象ブランドの組合せに関する類似度を消費者に評価してもらい，そこからブランド×ブランドの単相2元データを作成する．このデータを多次元尺度構成法で分析することによって，消費者の知覚を空間に表現することができる．

コレスポンデンス分析法は，2相2元データをもとにして2つの相の布置（configuration）を求める手法である．たとえば，表1.3のような消費者×ブランドからなる2相2元データから，消費者とブランドの布置を求めることができる．この場合，消費者に関しては，ブランドの相対的評価が似ている消費者どうしが近くに位置づけられ，そうでない消費者どうしは遠くに位置づけられる．一方でブランドについては，それぞれの顧客による相対的評価のされ方が似ているブランドどうしが近くに位置づけられ，そうでないブランドどうしが遠くに位置づけられることになる．

2.1.3 ポジショニング分析の例

ここでは，上述した方法のうち因子分析法によるポジショニング分析について，具体的な例をもとに説明しよう．分析に用いたデータは，インターネット調査によって取得した（協力：ジャストリサーチ株式会社）．調査概要は表2.1の通りである．

先述したように，ビール類の多くのブランドは，味や喉越しなどの機能的ベネフィットや爽快感などの情緒的ベネフィットによってポジショニングを行っており，消費者のブランドに対する知覚もこれらの要素によって規定されていると考えられる．そこで，表2.1に示されるような質問項目を設定し，その結果をもとに因子分析法を利用して知覚マップを作成する．

表2.1で示した10個の質問項目の最初の6項目について，ブランド別に平均を求めると表2.2（次々頁）が得られる．このように，ブランドによって消費者の評価に差があることがうかがえるが，消費者がそれぞれのブランドをどのように心の中に位置づけているのかを，この評価から即座に判断することは難しい．そこでここでは，次のような3つのステップによって，消費者の心の中におけるそれぞれのブランドの位置づけを把握し，考察を行う（因子分析法の概略については，2.2節を参照）．

(a) 表2.2の消費者の評価の背後にある，少数の評価軸（因子）を，因子分析法を利用して抽出し，抽出された評価軸（因子）の特徴を因子負荷量（factor loading）をもとに解釈する．
(b) 上記で抽出された評価軸（因子）におけるブランドの布置を，因子得点（factor score）をもとに求め，知覚マップを作成する．
(c) 知覚マップにおける各ブランドの位置づけと，(a)で解釈した各因子の特徴とによって，それぞれのブランドのポジションの特徴を理解する．

以下では，上記のステップごとに分析結果を説明する．

a. 因子分析法による評価軸（因子）の抽出

表2.2をもとに因子分析法によって分析を行った．なお，ここでは結果の解釈のしやすさの観点から，表に示されている10ブランドのうち，「サントリー金麦」を除く9ブランドを対象とした分析結果について説明する．

主因子法による因子分析の結果，固有値1以上の因子が2つ得られた．この

2.1 マーケティングにおけるデータ分析の役割　　17

表 2.1　調査概要

調査概要項目	内　容
調査日時	2008 年 9 月
調査対象	調査会社のインターネットモニターのうち首都圏に在住する 20～59 歳の男女．有効回答者数は 1066 名．質問項目数が多いため，回答者を 2 つのグループに分割し，一部の質問項目については，各グループが 5 ブランドずつを対象に回答した．各グループの人数は，グループ 1 が 537 名，グループ 2 が 529 名．
調査対象ブランド **太字**は本書で用いる省略名であり，括弧内はビール類の分類を表す．（*1,2は下記「質問項目」（ブランド評価）を参照）	アサヒ**スーパードライ**（ビール）*1 キリン**ラガー**ビール（ビール）*1 キリン**一番搾り**（ビール）*2 サッポロ生ビール**黒ラベル**（ビール）*2 **エビス**ビール（プレミアムビール）*1 サントリー・ザ・**プレミアム・モルツ**（プレミアムビール）*2 アサヒ**本生**ドラフト（発泡酒）*2 **麒麟淡麗**〈生〉（発泡酒）*1 キリン**のどごし**〈生〉（第 3 のビール）*1 サントリー**金麦**（第 3 のビール）*2
質問項目（知名度と飲用経験） MA，各回答者が 10 ブランドについて回答	あなたがご存知のもの あなたが飲んだことのあるもの
質問項目（ブランド評価） 各質問項目への回答は 5 段階で評定 各回答者が 5 ブランドについて回答（グループ 1 は*1のブランドについて回答，グループ 2 は*2のブランドについて回答） **太字**は本書で用いる省略名である	**喉越し**が良い **香り**が良い **味**が良い 飲むと，**幸せ**な気分になる 飲むと，**ほっと**した気分になる 飲むと，**爽快**な気分になる このブランドを選ぶことで，**自分らしさ**を表現できる このブランドを選ぶことは，自分の**イメージアップ**につながる このブランドを選ぶ人は，**センス**が良い このブランドを選ぶ人は，**洗練**されている このブランドは，総合的にみて良いブランドである このブランドは，好きなブランドである
質問項目（飲用場面別の選好） 各回答者が 10 ブランドの中からふさわしいもの 1 つを選択	普段の夕食時に飲む 特別な日の夕食時に飲む 外食時に飲む スポーツの後に飲む 仕事が終わった後に飲む 風呂上りに飲む 1 人でゆっくりと飲む 大勢で楽しく飲む
回答者のフェイス項目	性別，居住地，年齢，婚姻の有無，家族構成，職業，子供の人数，同居している子供の人数，同居している子供の年齢・学齢

表2.2 各ブランドの特徴評価（5段階評価の平均値）

ブランド名	喉越しが良い	香りが良い	味が良い
アサヒスーパードライ	4.08	3.47	3.72
キリンラガービール	3.72	3.70	3.73
キリン一番搾り	3.97	3.93	4.00
サッポロ生ビール黒ラベル	3.68	3.68	3.68
エビスビール	3.85	4.08	4.09
サントリー・ザ・プレミアム・モルツ	3.95	4.02	4.04
アサヒ本生ドラフト	3.52	3.26	3.30
麒麟淡麗〈生〉	3.72	3.29	3.39
キリンのどごし〈生〉	3.62	3.28	3.29
サントリー金麦	3.31	3.28	3.26

ブランド名	飲むと，幸せな気分になる	飲むと，ほっとした気分になる	飲むと，爽快な気分になる
アサヒスーパードライ	3.53	3.42	3.90
キリンラガービール	3.53	3.54	3.58
キリン一番搾り	3.76	3.75	3.80
サッポロ生ビール黒ラベル	3.55	3.56	3.56
エビスビール	3.90	3.81	3.60
サントリー・ザ・プレミアム・モルツ	3.92	3.86	3.82
アサヒ本生ドラフト	3.31	3.32	3.45
麒麟淡麗〈生〉	3.32	3.35	3.53
キリンのどごし〈生〉	3.30	3.33	3.47
サントリー金麦	3.26	3.31	3.23

結果をバリマックス回転して得られた2つの因子の因子負荷量は，表2.3のようになる．第1因子は，「香りが良い」，「味が良い」，「飲むと，ほっとする気分になる」，「飲むと，幸せな気分になる」という質問項目の因子負荷量が高い．このことは，第1因子がこれらの質問項目との関連が強い因子であることを意味している．ここから第1因子は，「香りや味の良さ，ほっとする幸せな気分」を味わう「味わい系因子」であると解釈できる．

これに対し，第2因子は，「喉越しが良い」，「飲むと，爽快な気分になる」の2つの質問項目の因子負荷量が高く，「味が良い」の因子負荷量がやや高い．ここから第2因子は，「喉越しの良さや爽快感」を楽しむ「リフレッシュ系因子」だと解釈できる．

表 2.3 因子負荷量

質問項目	第1因子	第2因子
喉越しが良い	0.337	0.935
香りが良い	0.966	0.252
味が良い	0.876	0.464
飲むと，幸せな気分になる	0.916	0.380
飲むと，ほっとした気分になる	0.954	0.266
飲むと，爽快な気分になる	0.288	0.927

表 2.4 因子得点

ブランド名	第1因子	第2因子
アサヒスーパードライ	−1.019	2.002
キリンラガービール	0.273	−0.530
キリン一番搾り	0.623	0.849
サッポロ生ビール黒ラベル	0.337	−0.750
エビスビール	1.483	−0.266
サントリー・ザ・プレミアム・モルツ	1.175	0.593
アサヒ本生ドラフト	−0.907	−1.142
麒麟淡麗〈生〉	−1.216	0.035
キリンのどごし〈生〉	−0.749	−0.792

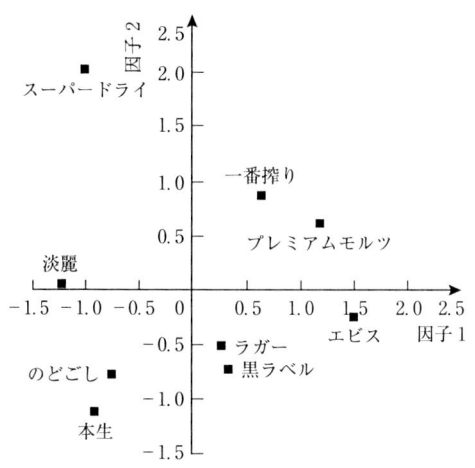

図 2.1 知覚マップ

b. 因子得点による知覚マップの作成

因子分析から得られた因子得点の値は，表2.4のようになっている．因子得点（平均が0，分散が1になるように基準化）から分析対象ブランドの2つの因子における相対的な位置づけをみることができる．

表2.4の因子得点を利用して各ブランドを平面に位置づけると図2.1が得られる．上述したように第1因子は「味わい系因子」であり，図の横軸に相当する．第2因子は「リフレッシュ系因子」であり，図の縦軸に相当する．

c. 各ブランドの特徴の把握

ここでは，図2.1の知覚マップから，それぞれのブランドの特徴を整理する．まず，際立った特徴を有しているのがスーパードライであることがわかる．第2因子の「リフレッシュ系」の因子得点が非常に高く，他のブランドから差別化された独自のポジションを得ている．「喉越し」，「爽快感」といった特徴がスーパードライというブランドと強固な結びつきを形成していることが，独自のポジションを形成している背景にあると理解できるだろう．

さまざまなブランドの訴求ポイントや因子分析の結果からも，消費者がビール類に求めるベネフィットの1つは，「リフレッシュ系」のものだと考えられる．この側面で際立った位置づけを得ていることがスーパードライの強さの源泉であることが，図2.1の知覚マップから理解できる．

知覚マップからみられるもう1つの大きな特徴は，エビス，プレミアムモルツという2つのプレミアムビールが，第1因子上で高い位置づけを得ていることだろう．これらのプレミアムビールは，他のビール類に比して価格が高いこともあり，「香りのよさ」，「品質のよさ」，「特別感」といったことを訴求している．こうした訴求方法が，「味わい系」の評価軸上での高い評価につながっているのだと解釈できる．

なお，知覚マップに示したそれぞれのブランドは，販売価格が大きく異なっている．したがって，実際の購買場面においては，それぞれの販売価格が大きな影響を及ぼすはずであり，2つの評価軸上における評価と実際の市場シェアが必ずしも一致する訳ではない．しかし，市場におけるさまざまなブランドが消費者の心の中にどのように位置づけられているのかを把握することは，新製品のポジショニングを考えたり，既存製品の再ポジショニングを検討する際に

重要な情報を提供してくれることは間違いない．

　質問調査や他の方法で得られた生のデータを見るだけでは，上述したようなポジショニングに関する理解を得ることはなかなか困難である．さまざまな変数からなる複雑なデータや大量のデータを，意味のある情報に変換したり要約することによって，市場の理解を助けマーケティング上の意思決定に寄与することが，マーケティングにおけるデータ分析の役割である．

2.2　因子分析法－評価の要因を探す－

2.2.1　目　　　的

　消費者がブランドを評価する際には，たとえば，「高級」，「親しみやすい」，「優雅」，「成金趣味」，「女性向き」など，さまざまな特性で評価することができる．これらの特性の間には，たとえば，「優雅」だと評価されたブランドは，「女性向き」と評価される傾向があることなどが考えられる．すなわち，特性の間には相関関係がある．多くの特性があっても，相関関係に基づいて少数の要因を取り出せば，ブランドの特性についての評価の構造が明らかになる．このような際に用いられる代表的な手法が，因子分析法である．

2.2.2　デ　ー　タ

　因子分析法で分析するデータは，各ブランドについてさまざまな特性における評価からなるブランド×特性などの2相2元データである．このような2相2元データから，特性間の相関係数を算出して相関行列を求め，単相2元データである相関行列を分析する．相関行列だけから因子分析を行うこともできるが，元の2相2元データがあれば，相関行列だけの分析からは得られない因子得点と呼ばれるブランドと因子の関連を表す重みが得られる．表2.5はブランド×特性の2相2元データである．

　表2.5の列（特性）間の関係に注目したとき，ある特性で高い評価を得るブランドは，別の特性でも高い（あるいは低い）評価を得るという関連があることもあれば，このような関連がないこともある．因子分析法では，このような関連を表す相関係数を分析し，背後にある要因を取り出す．

表 2.5 因子分析法のデータ—ブランド×特性—

		特 性				
		1	2	⋯	j	⋯	M
ブランド	1	s_{11}	s_{12}	⋯	s_{1j}	⋯	s_{1M}
	2	s_{21}	s_{22}	⋯	s_{2j}	⋯	s_{2M}
	⋮	⋮	⋮		⋮		⋮
	i	s_{i1}	s_{i2}	⋯	s_{ij}	⋯	s_{iM}
	⋮	⋮	⋮		⋮		⋮
	N	s_{N1}	s_{N2}	⋯	s_{Nj}	⋯	s_{NM}

2.2.3 方　　法

a. 相関行列と共通性

特性 j と k の間の相関係数 r_{jk} は，表 2.5 の第 j 列と第 k 列を用いて

$$r_{jk} = \frac{\sum_{i=1}^{N}(s_{ij}-\bar{s}_j)(s_{ik}-\bar{s}_k)}{\sqrt{\sum_{i=1}^{N}(s_{ij}-\bar{s}_j)^2 \sum_{i=1}^{N}(s_{ik}-\bar{s}_k)^2}} \tag{2.1}$$

と表せる．$\bar{s}_j$ は特性 j の平均（$\bar{s}_j = \sum_{i=1}^{N} s_{ij}/N$）である．式(2.1)からわかるように，相関係数は2つの特性の平均や分散の影響を受けず，因子分析法は各特性の平均や分散と無関係である．特性の個数を M とすれば，特性 j と k の間の相関係数 r_{jk} を第 (j, k) 要素とする相関行列 $\boldsymbol{R}$ は M 次対称行列であり，対角要素はその特性の分散である（すべて1）．

因子分析法では相関行列 $\boldsymbol{R}$ の対角要素を共通性という1よりも小さい値に置き換える．因子分析法では，特性間の相関係数を因子（共通因子）とよぶ要因により説明する．その際，各特性の分散（相関行列の対角要素）のすべてを因子で表すのではなく，一部は因子で表されない各特性独自の分散であると考える．そのゆえ，相関行列の対角要素を1よりも小さい共通性の推定値で置き換え，共通性が表現する部分だけを因子で表そうとするわけである．

相関行列の対角要素1を共通性の推定値で置き換えた行列を $\boldsymbol{R}_c$ とする．特性 j の共通性の推定値を h_j^2 とすれば，以下のようになる．

$$R_c = \begin{bmatrix} h_1^2 & r_{12} & \cdots\cdots & r_{1k} & \cdots & r_{1M} \\ r_{21} & h_2^2 & \cdots\cdots & r_{2k} & \cdots & r_{2M} \\ \vdots & \vdots & & \vdots & & \vdots \\ r_{j1} & r_{j2} & \cdots\cdots & r_{jk} & \cdots & r_{jM} \\ \vdots & \vdots & & \vdots & & \vdots \\ r_{M1} & r_{M2} & \cdots\cdots & r_{Mk} & \cdots & h_M^2 \end{bmatrix} \quad (2.2)$$

b. 主因子分析法

行列 R_c を分析し,各特性を多次元空間にベクトルとして表現する.多次元空間の座標軸が因子である.各因子における特性の座標(特性と因子の相関係数)を因子負荷量という.主因子(分析)法は,因子負荷量を求める方法の1つである.R_c の固有値と固有ベクトルから因子負荷量を求める.R_c は実対称行列であり

$$R_c = UDU' \quad (2.3)$$

と表される.ただし,D は R_c の固有値 $d_1 \geq d_2 \geq \cdots \geq d_M$ を対角要素にもつ対角行列であり,U は R_c の固有値に対応する固有ベクトル(長さを1に基準化)を列にもつ行列(固有ベクトルは直交する)であり,U' は U の転置行列である.ここで,少数の値の大きい固有値 $d_1, d_2, \cdots, d_R$ ($R<M$) を対角要素にもつ R 次対角行列 D_R と対応する固有ベクトルを列にもつ $M \times R$ 行列 U_R を用い,以下のように R_c を近似する($\cong$ は左辺を右辺で近似するという意味である).

$$R_c \cong U_R D_R U_R' \quad (2.4)$$

R 個の固有値 $d_1, d_2, \cdots, d_R$ が正(非負)であれば,正の平方根 $\sqrt{d_1}, \sqrt{d_2}, \cdots, \sqrt{d_R}$ を対角要素にもつ対角行列 $D_R^{1/2}$ を用いて

$$R_c \cong U_R D_R^{1/2} D_R^{1/2} U_R' \quad (2.5)$$

と表すことができる.ここで

$$X_R = U_R D_R^{1/2} \quad (2.6)$$

とすれば

$$R_c = X_R X_R' \quad (2.7)$$

となり.因子負荷行列 X_R が求められる.

主因子法によって求めた X_R は,各列の2乗和が固有値に等しく(式(2.6)を参照),各因子は対応する固有値に等しい分散を説明する.R 個の列の2乗和

の総和は R 個の固有値の和 $\sum_{t=1}^{R} d_t$ に等しく,M 個の特性のもつ分散の和 $\sum_{j=1}^{M} h_j^2$ を R 個の因子により表すことになる.因子数 R を変えることで,M 個の特性のもつ分散をモデルで説明する比率が決まる.通常,この比率が 0.5 から 0.7 程度となるように因子数 R を決定する.

c. 因子の回転

式(2.7)で,因子負荷行列 X_R の右から直交行列 T をかけ,X_R' の左から直交行列 T' をかければ,$TT'=I$ であることから(T が直交行列であるため)

$$R_c \cong X_R X_R' = X_R T T' X_R' = X_R T (X_R T)' \tag{2.8}$$

である.$X_R T$ を新たな因子負荷行列と考えれば,これは主因子法で求められた因子負荷行列の座標軸を(直交)回転することを意味する.

特性と因子の対応がより明瞭になるような方向に因子を回転すれば,因子の意味が特性から容易に解釈できる.このためには,因子負荷量の絶対値の大小が極端で,中間的な値がなるべく少なくなるように因子を回転する.具体的には,因子負荷量の 2 乗のバラツキを表す基準を最大化する回転を解析的に求める.基準の定義はいろいろであり,バリマックス法などがよく知られているが,まとめてオーソマックス法という(Crawford and Ferguson, 1970;芝,1979).各因子は,因子負荷量の絶対値の大きな特性からその意味を解釈する.

これまでに述べた回転では,因子は直交していたが(直交回転),それでは因子と特性との対応が十分明瞭にならないこともある.その場合には回転後の因子が必ずしも直交しない斜交回転を行う(Jennrich and Sampson, 1966;芝,1979;柳井ら,1990).斜交回転においても,因子と特性の対応の明瞭さを示すさまざまな基準がある.

d. 因子得点

相関行列だけではなく,表2.5のような2相2元データがある場合には,ブランドと因子の関係を表す重みである因子得点を求めることができる(2.2.2項を参照).表2.5の2相2元データを表す $N \times M$ 行列を S とする.行列 S の第 (i, j) 要素は,ブランド i の特性 j での評価である.因子得点を求める方法はさまざまであるが,最も単純なものは,ブランド i の因子 t の因子得点 y_{it} を第 (i, t) 要素にもつ $N \times r$ 行列(因子得点行列)を Y としたとき

$$S \cong YX' \tag{2.9}$$

のように，ブランド i の因子得点と特性 t の因子負荷量の積和（因子ごとの積の R 個の因子についての和）でブランド i の特性 j での評価 s_{ij} を近似するように，因子得点を求める方法である．式(2.9) より因子得点からなる因子得点行列 Y は

$$Y = SY(X'X)^{-1} \tag{2.10}$$

で求められる．

3

ブランドの類似関係を図に表現する
―多次元尺度構成法―

3.1 目　　　　的

　あるブランドともう1つのブランドは似ているが，別のもう1つのブランドとはあまり似ていないということがある．たとえば，特定の2つのブランド間ではブランドスイッチが頻繁に生じるが，別の2つのブランド間ではブランドスイッチが滅多に生じないなら，前者2つは類似しているあるいは代替性が大きいが，後者2つは類似していないあるいは代替性が小さい．このようなブランド間の類似度関係を，幾何学的に表現する方法が多次元尺度構成法（**M**ulti**D**imensional **S**caling：MDS）である．

　多次元尺度構成法には多様な手法があり（Borg and Groenen, 2005；Cox and Cox, 2001；Everitt and Rabe-Hesketh, 1997；岡太・今泉，1994），類似度関係を分析するものだけではないが，本書では代表的な手法である類似度関係を分析する多次元尺度構成法をとりあげる．類似度関係を分析する多次元尺度構成法として，本章ではクルスカルの多次元尺度構成法（足立，2006：pp. 135-139；Kruskal, 1964a；1964b；岡太・今泉，1994：pp. 10-29）を述べる．クルスカルの多次元尺度構成法は，各ブランドを点として多次元空間に表現する．そして，類似度の大きいブランドどうしはそれぞれのブランドを表現する点の間の距離が小さく，類似度の小さいブランドどうしはそれぞれのブランドを表現する点の間の距離が大きくなるように，ブランドを表現する点を多次元空間に位置づける．ブランドなどを多次元空間に位置づけたものを布置という．クルスカルの多次元尺度構成法で得られる布置は，ブランド間の類似度の大小

をブランドを表現する点の間の距離の小大により表し,ブランド間の類似度関係が点間距離により把握できる.

3.2 データ

クルスカルの多次元尺度構成法は,ブランド間の類似度を表すブランド×ブランドの単相2元類似度を分析する場合がほとんどである(3.3.6項のa, c, dを参照).ブランド×ブランドの単相2元類似度は,ブランドスイッチ行列のように直接導出することもあるが,ブランド×特性あるいは消費者×ブランドという2相2元データからも算出できる.

単相2元データであれば,表1.4に示すようなブランドスイッチ行列などが典型的である.表1.4のブランドスイッチ行列の第(j, k)要素はブランドjからkへのブランドスイッチ頻度であり,第(k, j)要素はブランドkからjへのブランドスイッチ頻度である.これら2つの要素は互いに逆方向のブランドスイッチ頻度であり,一般的には両者は必ずしも等しいわけではない.したがってブランドスイッチ行列は非対称である(4.1節を参照).

しかし,クルスカルの多次元尺度構成法をはじめとして単相2元データを分析するための多くの多次元尺度構成法は,非対称単相2元類似度を分析できない,あるいは非対称性を無視した分析しかできない.たとえば,クルスカルの多次元尺度構成法では,類似度関係を多次元空間内の距離により表現するため,類似度に対応する距離は対称であり(ブランドjを表現する点からブランドkを表現する点までの距離とブランドkを表現する点からブランドjを表現する

表3.1 単相2元(対称)類似度—下三角行列—

		ブランド				
		1	2	⋯	$j-1$	⋯	$M-1$
ブランド	2	s_{21}					
	3	s_{31}	s_{32}				
	⋮	⋮	⋮	⋱			
	j	s_{j1}	s_{j2}		$s_{j\,j-1}$		
	⋮	⋮	⋮		⋮	⋱	
	M	s_{M1}	s_{M2}		$s_{M\,j-1}$		$s_{M\,M-1}$

点までの距離は等しい),類似度のもつ非対称性を布置に表現することが難しい(4.2〜4.3節を参照).

そのため,これらの多次元尺度構成法は,主対角線を挟んで対称な位置にある2つの要素(類似度)の平均を求めて対称化した単相2元類似度を分析することが多い.表3.1は,このような手順で下三角行列にまとめた単相2元(対称)類似度である.表3.1の行はブランド2からMまでの$M-1$個のブランドに対応し,列はブランド1から$M-1$までの$M-1$個のブランドに対応しており,対角要素を除いた${}_MC_2=M(M-1)/2$個(M個から2つを選ぶ組合せの個数)の要素(類似度)からなる.

3.3 方 法

3.3.1 モ デ ル

クルスカルの多次元尺度構成法の特徴は,データである類似度の数値そのものではなく,その大小だけから布置を求めるという点である(類似度が順序尺度で測定されている).ブランドjとk間の類似度の観測値をs_{jk}とし,ブランドlとmの間の類似度の観測値をs_{lm}とする.R次元空間でブランドjを表現する点の次元tの座標をx_{jt}とすれば,ブランドjを表現する点は$(x_{j1}, x_{j2}, \cdots, x_{jt}, \cdots, x_{jR})$である.ブランド$j$を表現する点とブランド$k$を表現する点の間の(ユークリッド)距離は

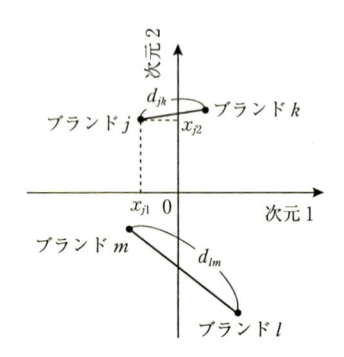

図3.1 2次元平面における距離
―― $d_{jk} < d_{lm}$ ($s_{jk} > s_{lm}$ の場合) ――

$$d_{jk} = \sqrt{\sum_{t=1}^{R}(x_{jt}-x_{kt})^2} \tag{3.1}$$

である．ブランド j と k の間の類似度 s_{jk} とブランド l と m 間の類似度 s_{lm} が

$$s_{jk} > s_{lm} \tag{3.2}$$

すなわち，ブランド j と k の方がブランド l と m よりも類似している場合は

$$d_{jk} \leq d_{lm} \tag{3.3}$$

のように，ブランド j を表現する点とブランド k を表現する点の間の距離 d_{jk} の方が，ブランド l と m を表現する２点間の距離 d_{lm} よりも小さくなる（大きくならない）ように，これらの点を多次元空間に位置づけた布置を求める．

3.3.2　散布図とストレス

$M(M-1)/2$ 個の類似度と対応する点間距離について

$$s_{jk} > s_{lm} \quad \text{ならば} \quad d_{jk} \leq d_{lm} \tag{3.4}$$

となるように布置を求める．すなわち，各ブランドを表現する点の R 次元空間での座標 x_{jt}（$j=1, 2, \cdots, M$；$t=1, 2, \cdots, R$）を求める．

散布図（scatter diagram）は，点間距離が類似度と式(3.4)の関係をどの程度満たしているのかを表し，(d_{jk}, s_{jk}) を１つの点として，$M(M-1)/2$ 個の点を表す．散布図は，シェパードダイアグラム（Shepard, 1962）ともいう．式(3.4)が $M(M-1)/2$ 個の点について成立するということは，散布図で表せば，図3.2のように類似度の大きい方から点を結んだ折れ線が単調減少である（右

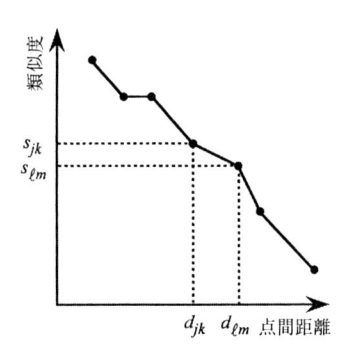

図3.2　散布図-式(3.4)を満たす場合
　　　　（単調減少である場合）

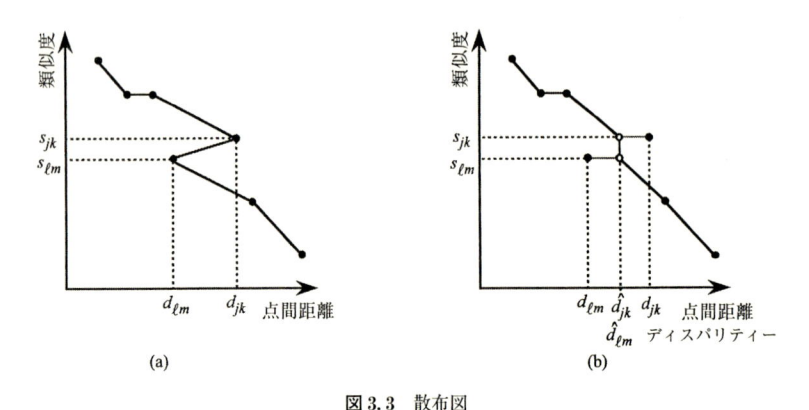

図 3.3 散布図
(a) 式(3.4)を満たさない場合（単調減少でない場合），(b) 散布図－ストレス－．

上がりにならない）ことを意味する．図3.2の散布図は，より大きい類似度に対応する距離は，より小さい（大きくない）という関係（式(3.4)）を満たす．クルスカルの多次元尺度構成法は類似度と点間距離の大小が対応している布置を求めることが目的であり，散布図が図3.2のように式(3.4)を満たす布置は，データである類似度に完全に適合する．

一方，図3.3(a) は，式(3.4)を満たさない散布図を示す．すなわち，$s_{jk}>s_{lm}$ であるが $d_{jk}>d_{lm}$ であり，より大きい類似度に対応する距離はより小さいという関係を満たさない．このような布置は，データである類似度に適合しない距離を含む．

布置すなわち点間距離の類似度に対する適合度をストレス（stress）といい，以下のように定義する．図3.3(b) は，図3.3(a) と同様に，$s_{jk}>s_{lm}$ であるが $d_{jk}>d_{lm}$ であり，式(3.4)を満たさない．ここで，d_{jk} の代わりにより小さい値 $\hat{d}_{jk}$ を考え，d_{lm} の代わりにより大きい値 $\hat{d}_{lm}$（$\hat{d}_{jk}=\hat{d}_{lm}$）を考えれば

$$\hat{d}_{jk}\leq\hat{d}_{lm} \tag{3.5}$$

を満たす（式(3.4)を参照）．$\hat{d}_{jk}$ はディスパリティー（disparity）といい，類似度に対して単調減少である．図3.3(b) において，細い実線で表されている d_{jk} と $\hat{d}_{jk}$ の差，および，d_{lm} と $\hat{d}_{lm}$ の差は，類似度に対して単調減少でない距離 d_{jk} と d_{lm} を，類似度と単調減少関係を保つディスパリティー $\hat{d}_{jk}$ および $\hat{d}_{lm}$（式(3.5)を参照）に変換するための修正量である．類似度に対して単調減少な距

離については，距離そのものをディスパリティーとすれば

$$s_{jk} > s_{lm} \quad \text{ならば} \quad \hat{d}_{jk} \leq \hat{d}_{lm} \tag{3.6}$$

が満たされる．距離とディスパリティーの差は，距離の類似度に対する単調減少関係からの乖離の大きさである．距離とディスパリティーの差の2乗和を(すべての距離について)求め，布置(点間距離)の類似度に対する不適合度とする．図3.3(b)において，$\hat{d}_{jk}$および$\hat{d}_{lm}$を，d_{jk}とd_{lm}の平均（$(\hat{d}_{jk}+\hat{d}_{lm})/2$）により定義した．平均を用いれば，距離とディスパリティーの差の2乗和が最小になるからである．

距離とディスパリティーの差の2乗和は

$$\text{不適合度} = \sum_{\substack{j=1 \\ j<k}}^{M-1} \sum_{k=2}^{M} (d_{jk} - \hat{d}_{jk})^2 \tag{3.7}$$

である．しかし，式(3.7)の不適合度は，布置の大きさに影響される．布置を1/2に縮小すれば，距離もディスパリティーも1/2になり，式(3.7)の不適合度は1/4になる．しかし，相対的な形を保ったまま布置を縮小して不適合度を減少させても無意味である．布置の大きさに影響されない不適合度として，式(3.7)を点間距離の平均からの差の2乗和で割り，その正の平方根

$$\text{ストレス} = \sqrt{\frac{\sum_{\substack{j=1 \\ j<k}}^{M-1} \sum_{k=2}^{M} (d_{jk} - \hat{d}_{jk})^2}{\sum_{\substack{j=1 \\ j<k}}^{M-1} \sum_{k=2}^{M} (d_{jk} - \bar{d})^2}} \tag{3.8}$$

を求め不適合度とし，ストレスとよぶ．ただし$\bar{d}$は距離の平均

$$\bar{d} = \frac{\sum_{\substack{j=1 \\ j<k}}^{M-1} \sum_{k=2}^{M} d_{jk}}{M(M-1)/2}$$

である．

3.3.3　アルゴリズム

ストレスを最小化する布置を求める手続きを述べる．ストレスは点間距離に基づいており布置の次元数Rを決めておく必要がある(式(3.1)を参照)．通常，布置の次元数は未知であり，何種類かの次元数のもとでストレスを最小化する布置を求め，得られたストレスや布置を吟味して何次元の布置を解にするのか

を決定する（次元数の決定）．

次元数 R のもとでストレスを最小化する布置を求めるには，仮の R 次元布置（初期布置）を求め，そのストレスが減少するようにブランドの位置を少しずつ動かして布置を反復的に改善し，それ以上改善できなく（ストレスが一定以上減少しなく）なるまで続ける．しかし，こうして得られた布置は，R 次元布置の中でストレスが最小であるという保証はない．なぜならば，初期布置によっては，ストレスをそれ以上は改善できないが，ストレスそのものは最小でない布置が得られる場合があり，これを局所極小布置という．

局所極小布置を防ぐには，ストレスが最小である布置に近い初期布置を選ぶとよいが，これは未知である．そのため，データである類似度を計量的多次元尺度構成法（metric multidimensional scaling）（Torgerson, 1952 ［吉田（訳），1968：pp.143-158］）により分析して布置を求め初期布置にする．これを合理的初期布置という．布置をデータである類似度から求めたからである．計量的多次元尺度構成法により類似度を分析すると，類似度の値そのものを扱うことになる．このことが，類似度の大小のみに基づいて分析する（非計量的多次元尺度構成法［nonmetric multidimensional scaling］という）クルスカルの多次元尺度構成法と計量的多次元尺度構成法の相違である．

初期布置として最も頻繁に用いられるのは，R 次元布置が得られているときに，最も多くの情報をもつ $R-1$ 次元布置（$R-1$ 個の主成分）を求めて（2.2.3項の b を参照）$R-1$ 次元の初期布置とする方法である．そのほかに，別の分析や理論的な考察から得られた布置がある場合には，これらを初期布置に用いることができる．また，乱数に基づいて初期布置を求めることもできる．この場合には，求められた初期布置が，データである類似度をまったく反映せず，局所極小布置が得られる可能性が高いため，多数の初期布置を用いて結果を求め，その中でストレスが最小である布置を選ぶ．

図 3.4 は，次元数を固定したときに，初期布置を反復的に改善して布置を求めるアルゴリズムのフローチャートである．布置を改善するための最大反復数は通常 100 から 300 回程度とする．最大反復数に達する前にストレスがほぼ 0 と考えられる程度に減少（たとえば 10^{-5} 程度）すれば，反復を停止し，それ以上布置を改善しない．最大反復数に達してもさらに布置を改善することがで

3.3 方法

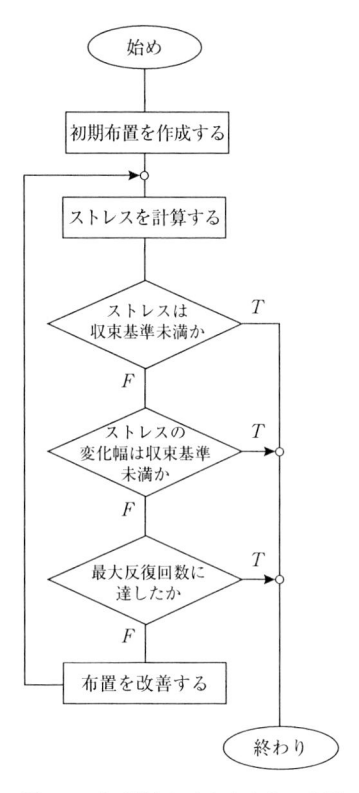

[フローチャート: 始め → 初期布置を作成する → ストレスを計算する → ストレスは収束基準未満か (T→終わり / F↓) → ストレスの変化幅は収束基準未満か (T→終わり / F↓) → 最大反復回数に達したか (T→終わり / F↓) → 布置を改善する → ストレスを計算するへループ]

図 3.4 次元数を固定したときに布置を求めるアルゴリズム

きる場合もある．最大反復数の 1 回前のストレスと最大反復数でのストレスを比較して，その減少幅が一定の値（たとえば 10^{-3} 程度）以上あれば，布置をさらに改善できる可能性があり，最大反復数を増やして再度分析する．最大反復数に達していなくても，現在の反復のストレスと 1 回前の反復のストレスを比較して，減少幅が一定の値（たとえば 10^{-6} 程度）以下であれば，それ以上布置は改善できないと判断して反復を停止する．得られた布置は，ストレスがそれ以上改善できない布置すなわち局所極小布置であるというだけで，ストレスが最小であるとは限らない．

3.3.4 分析の進め方

最初に，想定する最大次元数と分析の最小次元数を決める．布置の次元数を固定しないと分析できないからである（3.3.3項を参照）．これは通常未知であるが，およその見当はつけられる．たとえば，ブランドスイッチ行列であれば，ブランドの違いを表す特性の個数を布置の次元数と考え，それよりも2次元か3次元大きい次元数を想定する最大次元数とする．分析の最小次元数は1

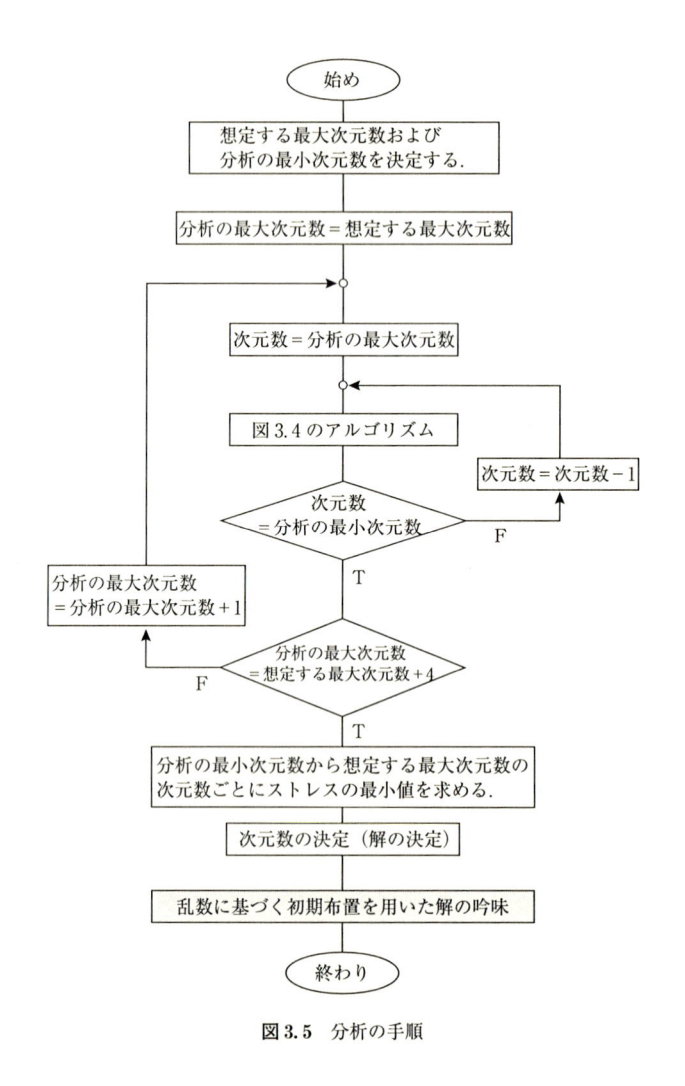

```
                    始め
                      │
          ┌───────────▼───────────┐
          │ 想定する最大次元数および │
          │ 分析の最小次元数を決定する．│
          └───────────┬───────────┘
                      │
          ┌───────────▼───────────┐
          │ 分析の最大次元数=想定する最大次元数 │
          └───────────┬───────────┘
                      │
          ┌──○◄──────────────────────┐
          │   │                       │
          │   ▼                       │
          │ ┌─────────────────────┐   │
          │ │ 次元数=分析の最大次元数 │   │
          │ └──────────┬──────────┘   │
          │            │◄─────────┐  │
          │   ┌────────▼────────┐  │  │
          │   │ 図3.4のアルゴリズム │  │  │
          │   └────────┬────────┘  │  │
          │            │     ┌─────────────┐
          │         ◇次元数◇  │ 次元数=次元数-1 │
          │      =分析の最小次元数 └─────────────┘
          │            │F ────────┘
          │          T │
          │   ┌────────▼────────┐
          │   │       ◇         │
          │   │ 分析の最大次元数  │
          │   │ =想定する最大次元数+4 │
          │   │       ◇         │
┌─────────────┐ F  │
│分析の最大次元数│◄──┘ T
│=分析の最大次元数+1│   │
└─────────────┘   ▼
          ┌─────────────────────────┐
          │ 分析の最小次元数から想定する最大次元数の │
          │ 次元数ごとにストレスの最小値を求める．   │
          └────────────┬────────────┘
                       ▼
          ┌─────────────────────────┐
          │    次元数の決定（解の決定）    │
          └────────────┬────────────┘
                       ▼
          ┌─────────────────────────┐
          │ 乱数に基づく初期布置を用いた解の吟味 │
          └────────────┬────────────┘
                     終わり
```

図3.5　分析の手順

とすることが多い．

　想定する最大次元数から分析の最小次元数までの各次元数において分析を行えば，各次元数について1つの結果が得られる．しかし，たとえ合理的初期布置を用いて結果を求めても，各次元数で得られた1つの布置がストレスを最小化するかどうかは確信がもてない．そこで，[想定する最大次元数＋1]次元, [想定する最大次元数＋2]次元，…，というように，想定する最大次元数よりも4次元程度大きい次元数まで，5種類(程度)の分析の最大次元数を用いて分析する．これにより，想定する最大次元数から分析の最小次元数までの各次元数については，分析の最大次元数の異なる（すなわち異なる初期布置から求められた）5種類の結果が得られる．各次元数で得られた5種類の結果のストレスを比較し，ストレスが最小である結果を，その次元数でストレスが（局所極小でなく）最小の布置と考える．ただし，1次元の結果は2次元以上の結果に比べて，退化（3.3.5項を参照）することが多く，退化についてより慎重に吟味する必要がある．

　想定する最大次元数から分析の最小次元数までの各次元数で，ストレスが最小と考えられる布置が得られたら，その中から解を選択（次元数を決定）する．こうして決定した解のストレスが，最小であるかどうかを吟味するために，その次元数のもとで乱数に基づく初期布置を何種類か（20から30種類）用いて分析し，すでに得られたストレスよりも小さいストレスをもつ布置が得られないかどうかを確認する場合もある（図3.5の網掛け部分）．次元数は，さまざまな基準から決定するが，主要なものは，以下のa～dの4つである．これらの基準を総合的に考えて次元数を決定する．

a. 布置の解釈

　布置の意味がわかりやすいかどうかということである．布置の次元は直交回転（以下では回転と表す）できる．なぜならば，式(3.1)で定義される距離は，次元を回転しても変らないからである．布置の意味が明解な方向に次元を回転する．因子分析法で述べたオーソマックス法（2.2.3項のcを参照）を用いることもできるが，通常は，布置を目で見て解釈しやすい方向に次元を回転する．たとえば，① 布置に表現されているブランドの特性と次元とが対応する，すなわち，ある次元の座標が増加するにつれてブランドのある特性が増加（減少）

する，あるいは，② 類似したブランドからなる集団の違いを表す方向，に次元を回転する．

b. 可能なら3次元布置まで，2次元布置が望ましい

布置を解釈するためには，布置を目で見て理解できる3次元までの布置を解に採用すると好都合である．4次元以上の解を解釈することはできるが，3次元までの布置に比べ困難が大きい．後述のINDSCAL（3.3.6項のdを参照）のように，4次元以上の布置でも解釈が難しくない多次元尺度構成法もある．

c. ストレスの変化

次元数が増加したときにストレスがどのように減少するのかということである．次元数が増加したとき，ある次元数を境にストレスが急激に減少し，それ以上の次元数ではストレスの減少がわずかであれば（図3.6の実線），ストレスが急激に減少した次元数の結果を解に採用する（図3.6の実線であれば次元数2）．このようなストレスの変化を，グラフの形を肘(ひじ)の形になぞらえて，ストレスの肘が明瞭であるという．一方，次元数の増加に伴って特定の次元数で大きくストレスが減少せず，ストレスの肘が明瞭でない場合（図3.6の破線）には，ストレスの変化を次元数の決定に役立てるのは難しい．データに含まれる誤差が大きい場合にはストレスの肘が不明瞭となる．

次元数を増加させたときのストレスの変化は，図3.6のようなグラフだけでなく，散布図がどのように変化するのかを見てもわかる．類似度に対する距離の単調減少関係が，ある次元数を境に明瞭になる場合には，その次元数の結果

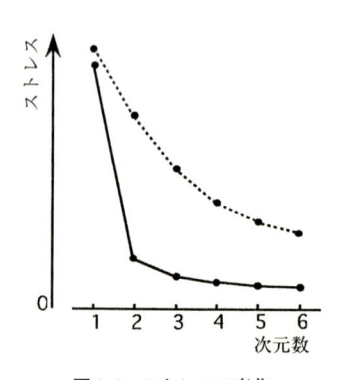

図3.6 ストレスの変化

を解とするのは合理的である．散布図を吟味することは，退化(3.3.5項を参照)を発見するうえでも有効である．

d. ストレスの大きさ

ストレスが小さい布置は適合度が大きい．ブランドの個数と布置の次元数にもよるが，およそ 0.05 から 0.5 程度以下のストレスの布置であれば，解として採用することができる．

3.3.5 退　　化

布置が退化（degeneration）するというのは，布置を構成する点が少数の点あるいは近くに集中し，ストレスは小さいが（布置のデータに対する適合はよいが），布置としての意味がなく，ほとんど何の情報ももたらさないことをいう．図 3.7 は退化した布置の例であり，2次元布置のすべての点が2つの点にほぼ集中している．このような布置からは，ブランド間の関係について実質的な情報は得られない．

ここで，各点に集中している点で表現されるブランド間の類似度が，2つの異なる点で表現されているブランド間の類似度よりも大きければ，図 3.7 の布置のストレスはほぼ0であり，布置は類似度にほぼ完全に適合する．なぜならば，図 3.8 からわかるように，この布置の点間距離は類似度との単調減少関係をほぼ完全に満たすからである．この布置には，大雑把にいえば，同じ点に集中した点どうしの点間距離（ほぼ0）と，異なる点にある2つの点の点間距離

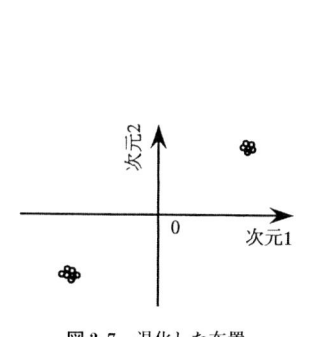

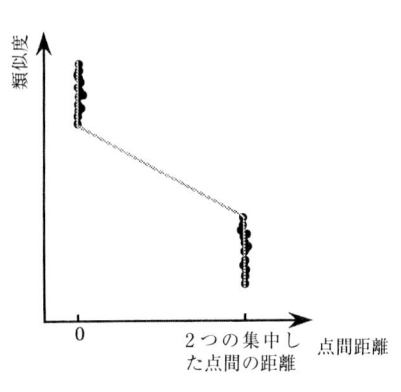

図 3.7　退化した布置　　　　　図 3.8　退化した布置の散布図

(ほぼこれら2つの点の間の距離に等しい)，という大小ほぼ2種類の距離しか存在しない．図3.8では，小さい方の点間距離（ほぼ0）が2つの点の各々に集中している点で表現されるブランド間の類似度に対応し，大きい方の点間距離が2つの異なる点で表現されているブランド間の類似度に対応し，点間距離は類似度との単調減少関係をほぼ完全に満たす．

3.3.6 データの諸問題

これまでは，単相2元類似度データを分析することを念頭に置いて，クルスカルの多次元尺度構成法について述べた．本項では，単相2元類似度以外のデータの扱い方を述べる．

a. 非類似度

類似度は値が大きくなるほど類似の度合が大きくなる．一方，非類似度は値が大きくなるほど類似の度合が小さくなり，類似度とは逆の概念である．非類似度を分析するためには，ブランド j と k 間の非類似度の観測値 δ_{jk} とブランド l と m 間の非類似度 δ_{lm} について点間距離が

$$\delta_{jk} < \delta_{lm} \quad \text{ならば} \quad d_{jk} \leq d_{lm} \tag{3.9}$$

となるように，布置を求める．非類似度に対して点間距離が単調増加になるように布置を求めることだけが，類似度を分析する場合と異なる．

b. 欠測値

類似度の観測値の一部が得られていない場合，すなわち，欠測値がある場合には，式(3.8)のストレスの総和記号を欠測値を除いて（観測値の得られている j と k の組合せだけについて）定義し，そのストレスを最小化する布置を求める．

しかし，欠測値を含むデータが分析できるといっても，限界がある．欠測値の占める割合が多過ぎる，あるいは，欠測値が特定のブランドに集中していては，得られる布置が欠測値を含まないデータを分析して得られる布置と大きく相違する．ブランドの個数 M にもよるが，欠測値が特定のブランドに集中していないなら，欠測値を含まない観測値の個数 $M(M-1)/2$ の $1/2$ から $1/4$ の観測値があれば，欠測値を含まないデータを分析して得られる布置とあまり相違しない布置が得られる（Borg and Groenen, 2005：pp. 115-118；Kruskal,

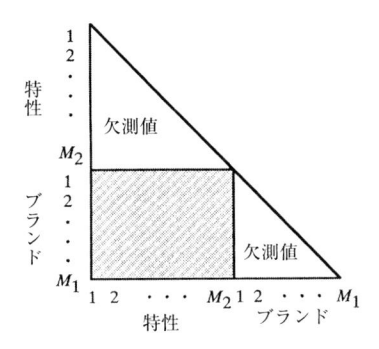

図 3.9 (M_2+M_1) 個の特性とブランドを 1 つの相と考えた単相 2 元類似度

1964a). このような性質を利用して，本来ならば $M(M-1)/2$ 個の観測値が必要なところを，より少数の観測値のみを収集し，データ収集の手間や負担を減らすことができる．

c. 矩形行列：2 相 2 元類似度の分析

行と列が異なる相に対応する類似度行列を分析することも可能である（表 2.5 を参照）．たとえば，M_1 個のブランドと M_2 個の特性の関連の強さからなる $M_1 \times M_2$ の矩形行列（ブランド×特性）は，式(3.8)のストレスの総和記号を M_1 個のブランドと M_2 個の特性の組合せについて定義すれば分析できる．この行列の要素をブランドと特性の間の類似度と考えれば，この矩形行列は 2 相 2 元類似度行列である．

ここで，M_2 個の特性と M_1 個のブランドを合わせて 1 つの相と考えた下三角行列を考えれば，図 3.9 の網掛け部分の「ブランド×特性」の矩形行列はこの下三角行列の一部である（岡太，2008：pp. 80-81；岡太・今泉，1994：p. 20）．この下三角行列は $_{(M_2+M_1)}C_2$ 個の要素をもつ単相 2 元類似度行列であり，網掛け部分の矩形類似度行列（$M_1 \times M_2$ 個の要素）のみが観測され，残りの M_1 個のブランド間の類似度（右下の下三角行列）と M_2 個の特性間の類似度（左上の下三角行列）は欠測値なのだと考えることができる．

d. 2 相 3 元類似度の分析

表 1.4 や表 3.1 のような単相 2 元類似度が複数組ある場合には，2 相 3 元類似度である．たとえば，ブランドスイッチ行列が，N 個の地域ごとに合計 N

個得られているとすれば,ブランド×ブランド×地域の2相3元類似度である(図1.1を参照).ここで,地域ごとのブランドスイッチの変動を誤差と考えるならば,N個の地域のすべてのブランドスイッチに平均的に適合する1つだけの布置を求める.そのためには,式(3.8)のストレスを

$$\text{ストレス} = \sqrt{\sum_{i=1}^{N} \frac{1}{N} \left\{ \frac{\sum_{\substack{j=1 \\ j<k}}^{M-1} \sum_{k=2}^{M} (d_{jk} - \hat{d}_{jki})^2}{\sum_{\substack{j=1 \\ j<k}}^{M-1} \sum_{k=2}^{M} (d_{jk} - \bar{d}_i)^2} \right\}} \qquad (3.10)$$

とする.ただし,$\hat{d}_{jki}$ は d_{jk} に対応する地域 i のディスパリティーであり,$\bar{d}_i$ は地域 i に対応する点間距離の平均値である.

地域ごとの類似度の変動が誤差ではなく,構造的な差異であると考えるならば,上述の手順は不適切である.なぜならば,地域ごとの変動が誤差として扱われ,構造的な差異が無視されるからである.各地域のデータを個別に分析すれば,構造的な差異は明らかになるが,布置が N 個求められ,その間には何の関連もない.N が大きい場合には結果の解釈が難しく,このような手順は現実的ではない.

個人差多次元尺度構成法はこのような場合に用いられ,INDSCAL (**IN**dividual **D**ifferences multidimensional **SCAL**ing,読み方は「インスカル」.足立,2006:pp.140-143;Arabie *et al.*, 1987［岡太・今泉（訳),1990］;Carroll and Chang, 1970;岡太・今泉,1994:pp.47-64)が代表的である.INDSCAL は,N 個の地域に共通した布置を,各地域に与えられた重みに応じて布置の次元を伸縮し,各地域の類似度を表す布置を算出する.そのため N 個の布置の間には関連があり,結果の解釈が容易である.また,次元の伸縮に用いる重みにより,布置の次元の方向は反転と互換はできるが回転はできない.したがって,布置に表現されている類似度関係を制御している過程や特性等に次元が対応する可能性が高く,次元数の高い布置の解釈も難しくないことが多い(Arabie *et al.*, 1987:p.21［岡太・今泉(訳),1990:p.33］,3.3.4項のbを参照).

e. 非ユークリッド距離

式(3.1)の距離（ユークリッド距離）を

$$d_{jk} = \left(\sum_{t=1}^{R} (x_{jt} - x_{kt})^p \right)^{\frac{1}{p}} \tag{3.11}$$

のようにミンコフスキー距離に一般化した分析も可能である（$p \geq 1.0$）．式(3.1)のユークリッド距離は，式(3.11) で $p=2$ の場合である．$p \neq 2$ の場合を非ユークリッド距離という．非ユークリッド距離を用いた分析は頻繁に行われるわけではないが，データによっては有効である．非ユークリッド距離を用いた分析で得られる布置は回転できない．回転により式(3.11) の距離 d_{jk} が変化するからである．

3.4 応用例－ビール類の飲用経験の共有－

　本節では，表2.1の10ブランドのビール類を飲用した経験の有無をたずねたグループ1（537名）の回答から，2つのブランドの組合せについて両ブランドの飲用経験をもつ消費者の人数を算出する．2つのブランドとも飲用経験をもつ人数は，10×10の表にまとめられる．この表の第(j, k)要素は，ブランドjもkも飲用経験をもつ人数であり，ブランドjとkの間の類似度であると考えられる．しかし，多くの消費者が飲用経験をもち他ブランドとの飲用経験の共有も多いブランドと，少数の消費者にしか飲用経験がなく他ブランドとの飲用経験の共有も少ないブランドでは，2つのブランドとも飲用経験を共有する消費者の人数の意味は同じとはいえない．人数の多少によらないブランド間類似度を求めるため，この表の行和（列和も同じ）が10個のブランドについて等しくなるように（具体的には10行の行和の平均に等しくなるように），第j行と第j列に定数 c_j を乗じて基準化した（Harshman et al., 1982；Okada and Imaizumi, 1997）．表3.2は，このように基準化した10個のビール類のブランド間類似度である．

　表3.2の類似度をクルスカルの多次元尺度構成法により，想定する最大次元数を5とし，分析の最大次元数を5, 6, 7, 8, 9とした分析（分析の最小次元数は常に1）で得られたストレスが表3.3である．1次元から5次元の各次元数において，5つのストレスの最小値を選べば，0.259, 0.124, 0.041, 0.000, 0.000である（4次元と5次元のストレスは小数点以下3桁で表記したため0.000で

3. ブランドの類似関係を図に表現する

表3.2 ビール類のブランド間類似度

	1	2	3	4	5	6	7	8	9
2 キリンラガービール	297.8								
3 キリン一番搾り	307.5	293.8							
4 サッポロ生ビール黒ラベル	279.4	287.8	280.0						
5 エビスビール	295.8	289.1	294.3	284.9					
6 サントリー・ザ・プレミアム・モルツ	282.2	279.8	275.5	280.8	285.6				
7 アサヒ本生ドラフ	255.1	261.1	258.7	274.4	260.0	275.4			
8 麒麟淡麗〈生〉	279.4	278.1	285.3	277.6	281.9	274.9	278.5		
9 キリンのどごし〈生〉	258.1	262.5	261.7	260.9	263.3	269.0	301.0	276.5	
10 サントリー金麦	247.5	255.0	249.6	256.8	254.6	267.4	292.0	266.5	308.1

表3.3 分析の最大次元数を5から9にしたときのストレス

分析の最大次元数	1次元	2次元	3次元	4次元	5次元
5	0.259	0.124	0.052	0.000	0.000
6	0.259	0.124	0.052	0.000	0.000
7	0.259	0.124	0.041	0.000	0.000
8	0.259	0.124	0.052	0.000	0.000
9	0.259	0.124	0.052	0.000	0.000

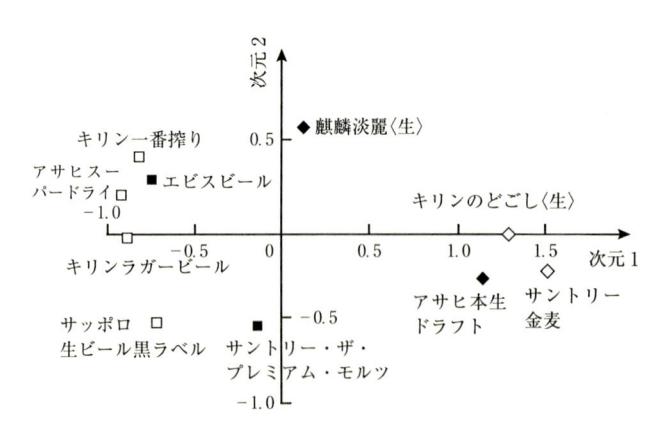

図3.10 ビール類のブランドの2次元布置
□はビール，■はプレミアムビール，◆は発泡酒，◇は第3のビールを表現する．

3.4 応用例－ビール類の飲用経験の共有－

ある). 布置 (図 3.10) の解釈, 次元数を増加させたときのストレスの減少, ストレスの値, から考えて, 2 次元の結果を解とした. 図 3.10 の布置は, クルスカルの多次元尺度構成法で求めた布置そのものではなく, 解釈しやすいように次元を回転したものである (3.3.4 項の a を参照). ストレス 0.124 が 2 次元で最小かどうかを吟味するために, 2 次元で乱数に基づく初期布置を用いた分析を 30 回 (30 種類の初期布置) 行った. ストレスが 0.124 未満の結果は得られず, 前述の 2 次元の結果を解とすることとした.

図 3.10 は, 解とした 2 次元布置である. 布置の右側には第 3 のビール (キリンのどごし〈生〉, サントリー金麦) とアサヒ本生ドラフト (発泡酒) が位置し, 左側にはビールとプレミアムビールが位置する傾向がある. 布置の上側にはキリン (麒麟) のブランドが位置し, 下側にはそれ以外のブランドが位置する傾向がある. したがって, 次元 1 は第 3 のビールとアサヒ本生ドラフトをそれ以外のビール類から区別する次元であり, 次元 2 はキリン (麒麟) ブランドのビール類をそれ以外のビール類から区別する次元であるということができる.

第 3 のビール (2 ブランド) とアサヒ本生ドラフトの 3 つのブランドは, 右端で近い位置にあり, これらは互いの飲用経験の共有は多いが, 他のビール類との飲用経験の共有は少ないことを表している. しかし, 麒麟淡麗〈生〉は発泡酒でありながらこれら 3 つのブランドとは離れて位置し, これら 3 つのブランドよりもビールやプレミアムビールとの飲用経験の共有が多いと考えられる. 同じ発泡酒でも, 麒麟淡麗〈生〉とアサヒ本生ドラフトは, 他のビール類との飲用経験の共有が異なることがわかる. 2 つのプレミアムビール (エビスビール, サントリー・ザ・プレミアム・モルツ) は近い位置にはなく, プレミアムビールどうしとしての飲用経験の共有が必ずしも多くないことを表す.

4

ブランドの非対称関係を明らかにする
―非対称多次元尺度構成法―

4.1 目　　　的

　ブランドスイッチ頻度がブランド間の類似度を表すと考えたとき，2つのブランドAとBの間の類似度は，ブランドAからBへのブランドスイッチとブランドBからAへのスイッチ，という逆方向な2つの概念を含む．ブランドAからBへのブランドスイッチ頻度とブランドBからAへのスイッチ頻度は通常異なり，非対称である（3.2節を参照）．ブランドスイッチの非対称性は，ブランド間の競争力の優劣や魅力の大小を表すと考えられる．ブランドAがBよりも好まれるならば

　　［AからBへのブランドスイッチ頻度］＜［BからAへのスイッチ頻度］

と考えられる．

　類似度が非対称であれば，ブランドjとkの間の類似度という表現ではなく，ブランドjからkへの類似度s_{jk}，および，ブランドkからjへの類似度s_{kj}という2つの方向を区別した表現が適切である．類似度が非対称であるというのは

$$s_{jk} \neq s_{kj} \tag{4.1}$$

ということである．非対称多次元尺度構成法は，類似度の非対称性を無視せずに分析し，わかりやすく表現する．

4.2　多次元尺度構成法による非対称類似度の分析

　本節では，3章で述べたクルスカルの多次元尺度構成法で（非対称多次元尺

度構成法によらないで）非対称類似度を扱う方法を述べるが，非対称性が無視されたり，非対称性を明確に把握するのが難しいという問題がある（3.2節を参照）．

a. 対応する2つの類似度の平均をとる

ブランドスイッチ行列であれば，ブランド j から k へのブランドスイッチ頻度である第 (j,k) 要素 s_{jk} と，ブランド k から j へのブランドスイッチ頻度である第 (k,j) 要素 s_{kj} を平均し，ブランド j と k（およびブランド k と j）の間の類似度を

$$\text{ブランド} j \text{と} k \text{の間（ブランド} k \text{と} j \text{の間）の類似度} = \frac{s_{jk} + s_{kj}}{2} \quad (4.2)$$

とする．主対角線を挟んで対称な位置にある2つの要素の平均を求めて，単相2元類似度を対称化する (3.2節を参照)．類似度の平均は非対称性の情報をもっておらず，この方法は非対称性を考慮していない．

b. 2つの類似度に1つの距離を対応させる

ブランド j から k への類似度 s_{jk} とブランド k から j への類似度を s_{kj} という必ずしも等しくない2つの類似度 s_{jk} と s_{kj} に，同一の距離 $d_{jk}(=d_{kj})$ を対応させる（図4.1を参照）．そのため，2つの類似度 s_{jk} と s_{kj} のもつ非対称性の情報は失われる．2つの相異なる類似度 s_{jk} と s_{kj} に同一の距離 d_{jk} を対応させるため，2つの類似度の差（非対称性）が大きくなれば，距離の類似度への適合度は低下する．小さい適合度が大きい非対称性の可能性を示すが，類似度関係における非対称性は具体的には表されない（図4.1を参照）．

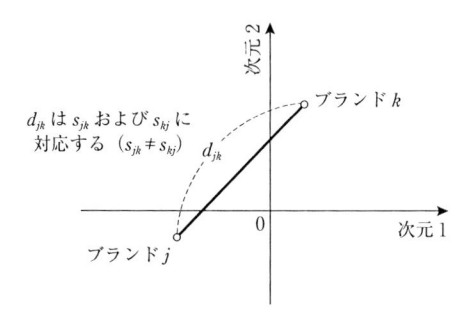

図4.1 s_{jk} と s_{kj} に同一の距離 d_{jk} を対応させた布置

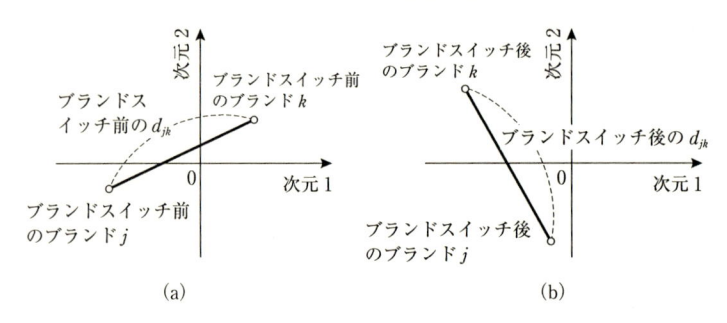

図 4.2 行間類似度から得られた布置と列間類似度から得られた布置
(a) 行間類似度（ブランドスイッチ元），(b) 列間類似度（ブランドスイッチ先）．

c. 行間類似度と列間類似度を個別に分析する

表 1.4 のブランドスイッチ行列の各行はどのブランドから変更されたのか（ブランドスイッチ元）を表し，各列はどのブランドへスイッチされたのか（ブランドスイッチ先）を表す．ブランドスイッチ行列の行間の類似度と列間の類似度を求め，個別に分析して 2 つの布置を求める．2 つの布置は，各々ブランドスイッチ元の違いとスイッチ先の違いを表し，その意味では類似度の非対称性を表現してはいる．しかし，2 つの布置から類似度の非対称性を把握するのは困難が伴う（図 4.2 を参照）．

d. 2 相 2 元類似度として分析する

ブランドスイッチ行列で，行の対応するブランドと列の対応するブランドを

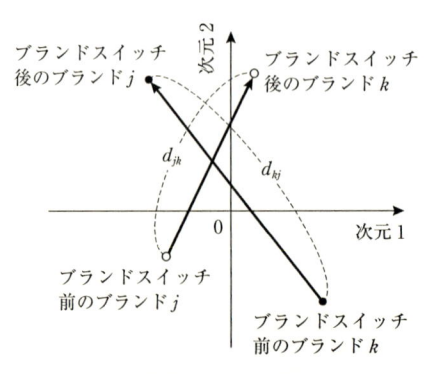

図 4.3 2 相 2 元類似度とした分析で得られた布置
d_{jk} の第 1 の添字はブランドスイッチ前のブランドを表し，第 2 の添字はブランドスイッチ後のブランドを表す．

別個のブランドと考える．すなわち，2相2元類似度と考える（3.3.6項のcを参照）．2相2元類似度とした分析で得られた布置では，行の対応するブランドを表現する点と，列の対応するブランドを表現する点とが同じ布置に表現され（点の個数はブランドの個数の2倍），類似度の非対称性は布置に表現される．しかし，同一のブランドが2つの点で表現されており，類似度の非対称性を把握するのは必ずしも容易ではない．分析では退化が生じやすいという問題がある（3.3.5項を参照）．

4.3 非対称多次元尺度構成法

類似度のもつ非対称性を直接的に表現するための多次元尺度構成法が非対称多次元尺度構成法（asymmetric multidimensional scaling）であり，1970年代後半から開発されている（Borg and Groenen, 2005：pp. 495-581；Bove and Rocci, 1999；千野，1997；千野・岡太，1996；Cox and Cox, 2001：pp. 116-121, 243-244；Zielamn and Heiser, 1996）．本章では，Okada and Imaizumi (1987) の非対称多次元尺度構成法を述べる．その理由は，多次元空間における距離によって非対称な類似度関係が表現されており布置の解釈が容易であること，また，より一般化したモデルに基づく方法も含め，比較的広く利用され（Nakai, 2007；Okada, 1988；岡太，1989；岡太・元治，1995；岡太・今泉，1996；Okada and Imaizumi, 2003；Okada and Sakaehara, 2010），他のモデル等の基礎にもなっている（Bove and Critchely, 1993；Okada, 1990；Okada and Imaizumi, 1997；佐部利，2008；Saburi and Chino, 2008；Zielman, 1991）からである．

4.3.1 データ

Okada and Imaizumi (1987) の非対称多次元尺度構成法（本書では以後特に断らない限り非対称多次元尺度構成法と表記する）では，ブランドスイッチ行列などの単相2元類似度を分析する．非対称なブランドスイッチ行列などは，2相2元類似度と考えることもできるが（4.2節のdを参照），ここでは単相2元類似度と考える．

表 4.1 非対称類似度

		ブランド					
		1	2	⋯	j	⋯	M
ブランド	1	—	s_{12}	⋯	s_{1j}	⋯	s_{1M}
	2	s_{21}	—	⋯	s_{2j}	⋯	s_{2M}
	⋮	⋮	⋮	⋱	⋮		⋮
	j	s_{j1}	s_{j2}	⋯	—	⋯	s_{jM}
	⋮	⋮	⋮		⋮	⋱	⋮
	M	s_{M1}	s_{M2}	⋯	s_{Mj}	⋯	—

非対称類似度では，ブランド j から k への類似度の観測値 s_{jk} とブランド k から j への類似度の観測値 s_{kj} が必ずしも等しくない（式(4.1)を参照）．また，ブランドスイッチ前後でブランドが変わらない場合の類似度 s_{jj} ($j=1, 2, \cdots, M$) は分析の対象としない．したがって，M 個のブランドからなるブランドスイッチ行列などの主対角要素（M 個）を除いた $M(M-1)$ 個の類似度を分析する（表4.1を参照）．

4.3.2 方　　法
a. モデル

非対称多次元尺度構成法は，類似度の数値そのものではなく，その大小だけを用いるというクルスカルの多次元尺度構成法の特徴（3.3.1項を参照）を受け継いでいる（非計量的多次元尺度構成法である）．各ブランドは多次元空間に点とその点に中心をもつ円（2次元空間），球（3次元空間）あるいは超球（4次元以上の空間）により表現される．R 次元空間でブランド j を表現する点の次元 t の座標を x_{jt} とすれば，ブランド j は点 ($x_{j1}, x_{j2}, \cdots, x_{jt}, \cdots, x_{jR}$) と半径 r_j の円（球，超球）により表現される．図4.4は，2次元モデルを示す．

図4.4には，6つのブランドが表現されており，各ブランドは点とその点に中心をもつ円により表現されている．点だけで表現されているブランド（第4象限にある）の円の半径は0である．これは，半径をその最小値が $\min_{j} r_j = 0$ になるように基準化するからである（Okada and Imaizumi, 1987：p.83, 式(2-4)）．これは，半径にはその差に意味があり（式(4.3)を参照），大きさそのものには意味がないからである．

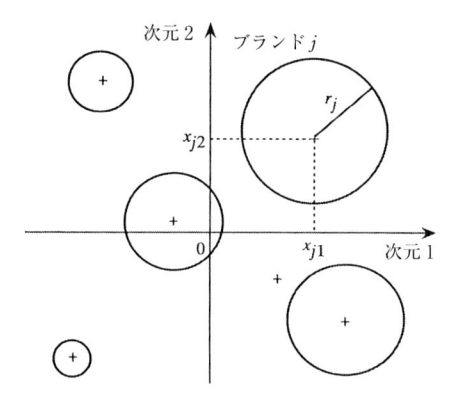

図 4.4 非対称多次元尺度構成法のモデル（2次元）

　クルスカルの多次元尺度構成法では，ブランド j と k の間の類似度 s_{jk} に距離 d_{jk} を対応させた．非対称多次元尺度構成法ではブランド j から k への類似度 s_{jk} に

$$m_{jk} = d_{jk} - r_j + r_k \tag{4.3}$$

を対応させる．ただし，d_{jk} はブランド j を表現する点とブランド k を表現する点の間の（ユークリッド）距離 $d_{jk} = \sqrt{\sum_{t=1}^{R}(x_{jt}-x_{kt})^2}$ である（式(3.1)と同じ）．

　図 4.5 は，2次元布置に表現された2つのブランド j と k を示す．図 4.5(a)はブランド j から k への類似度に対応する m_{jk}（式(4.3)を参照）を示し，図 4.5(b)はブランド k から j への類似度に対応する m_{kj}

$$m_{kj} = d_{jk} - r_k + r_j \tag{4.4}$$

を示す．m_{jk} と m_{kj} では r_j と r_k が入れ替わっており（式(4.3)と式(4.4)を比較），一般的には $m_{jk} \neq m_{kj}$ である．これにより，類似度の非対称性が表現される．

　m_{jk} と m_{kj} の大小は，r_j と r_k の相対的な大きさにより決まる．

　　　　　　　$r_j < r_k$　であれば　　$m_{jk} > m_{kj}$
　　　　　　　$r_j = r_k$　であれば　　$m_{jk} = m_{kj}$
　　　　　　　$r_j > r_k$　であれば　　$m_{jk} < m_{kj}$

図 4.5 では，$r_j < r_k$ であり，$m_{jk} > m_{kj}$ である．より小さい半径をもつブランドからより大きい半径をもつブランドへの類似度に対応する m_{jk} の方が，より大きい半径をもつブランドからより小さい半径をもつブランドへの類似度に対応

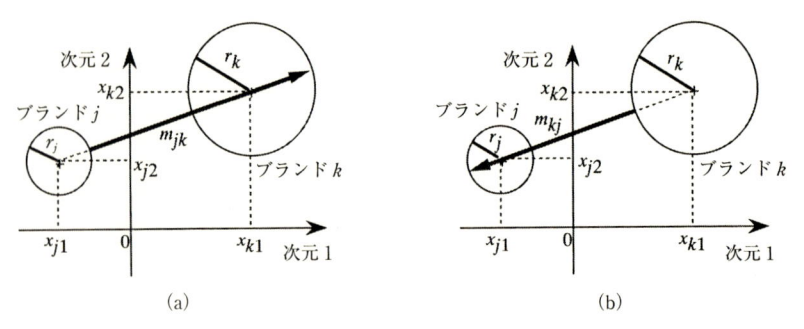

図 4.5 m_{jk} と m_{kj}（2次元モデル）
(a) m_{jk}（ブランド j から k へ），(b) m_{kj}（ブランド k から j へ）．

する m_{kj} よりも大きい．すなわち，このモデルでは

「半径のより小さいブランドから < 「半径のより大きいブランドから
より大きいブランドへの類似度」　より小さいブランドへの類似度」

である．これをブランドスイッチで考えれば「半径がより小さいブランドからより大きいブランドへのスイッチ」は「半径がより大きいブランドからより小さいブランドへのスイッチ」より起きにくいということである．半径 r_j が小さいほどブランド j はブランドスイッチにおいて優位であることを表し，半径がブランド間の競争力の優劣や魅力の大小などを表すと考えられる．

クルスカルの多次元尺度構成法では，ブランドを多次元空間に点として表現し，布置での点間距離がブランド間の類似度と単調減少になるように，布置（ブランドを表現する点の座標）を求めた．非対称多次元尺度構成法では，点間距離 d_{jk} ではなく m_{jk} を考え，ブランド j から k への類似度 s_{jk} とブランド l から m への類似度 s_{lm} について

$$s_{jk} > s_{lm} \quad \text{ならば} \quad m_{jk} \leq m_{lm} \tag{4.5}$$

となるように，これらの点の座標と半径を求める（すなわち布置を求める）．

b．アルゴリズム

非対称多次元尺度構成法の散布図やストレスは，クルスカルの多次元尺度構成法と同様に考えることができる（3.3.2 項を参照）ただし，クルスカルの多次元尺度構成法では $_MC_2 = M(M-1)/2$ 個の類似度と対応する点間距離を考えたのに対して，非対称多次元尺度構成法では $M(M-1)$ 個（$= 2 \times {_MC_2}$ 個）の類

似度と対応する m_{jk} を考える．散布図は，(m_{jk}, s_{jk}) で表される $M(M-1)$ 個の点からなる．

類似度との単調減少関係を満たすディスパリティーに対応する $\hat{m}_{jk}$ は，クルスカルの多次元尺度構成法と同じ考え方で定義され

$$s_{jk} > s_{lm} \quad \text{ならば} \quad \hat{m}_{jk} \leq \hat{m}_{lm} \tag{4.6}$$

を満たす．ストレスは

$$\text{ストレス} = \sqrt{\frac{\sum_{\substack{j=1 \\ j \neq k}}^{M} \sum_{k=1}^{M} (m_{jk} - \hat{m}_{jk})^2}{\sum_{\substack{j=1 \\ j \neq k}}^{M} \sum_{k=1}^{M} (m_{jk} - \bar{m})^2}} \tag{4.7}$$

のように，$M(M-1)$ 個の組合せについて定義する．ただし

$$\bar{m} = \frac{\sum_{\substack{j=1 \\ j \neq k}}^{M} \sum_{k=1}^{M} m_{jk}}{M(M-1)}$$

である．非対称多次元尺度構成法は，式(4.7)で定義されるストレスを最小化する布置（対象を表現する点の座標と半径）を求める．ストレスを最小化するためのアルゴリズムはクルスカルの多次元尺度構成法と同様である．

4.3.3 分析の進め方

分析の手順は，クルスカルの多次元尺度構成法のそれを踏襲している．退化（3.3.5項を参照）については，ブランドを表現する点だけでなく半径もあるため,点間距離と半径をあわせて検討する必要がある．散布図などを吟味して，布置が退化しているかどうかを判断する．得られた布置の次元は，回転（直交回転）できる．点間距離や半径は,次元の回転では変化しないからである(3.3.4項のaを参照)．ブランドを表現する点の位置や半径を考え，布置を解釈しやすい方向に次元を回転する．

4.3.4 2相3元データの分析：2相3元非対称多次元尺度構成法

2相3元非対称類似度がある場合，たとえば，N 個の地域のブランドスイッチ行列が地域ごとに合計 N 個得られているときには，クルスカルの多次元尺

度構成法と同様に2種類の考え方ができる．地域ごとの類似度の変動を誤差であると考えるならば，N個の地域すべてのデータに平均的に適合する1つの布置を求める．地域ごとの類似度の変動が構造的な差異を表すと考えるならば，2相3元非対称多次元尺度構成法あるいは個人差非対称多次元尺度構成法(DeSarbo *et al.*, 1992；Okada and Imaizumi, 1997；Zielman, 1991；Zielman and Heiser, 1993) を用いて分析する（3.3.6項のdを参照）．

4.4 応用例 − ビール類の飲用経験の非対称性 −

本節では，3.4節と同じ表2.1の10ブランドのビール類を飲用した経験の有無をたずねたグループ2（529名）の回答から，2つのブランドについて両ブランドとも飲用経験をもつ消費者の人数を算出し10×10の表にまとめた．この表の第j行の各要素を第j番目の対角要素で割り，そのブランドの飲用経験をもつ消費者数に対する他ブランドとの飲用経験を共有する消費者数の比率を求めた．表4.2はこの比率であり，第(j, k)要素はブランドjの飲用経験のある消費者数に対するブランドjとkの飲用経験のある消費者数の比率であり，ブランドjからkへの類似度と考えられる．

表4.2の類似度を非対称多次元尺度構成法により，想定する最大次元数を5とし，分析の最大次元数を5，6，7，8，9とした分析（分析の最小次元数は常に1）を行った．1次元から5次元の各次元数について，得られた5つのスト

表 4.2 ビール類のブランド間非対称類似度

	1	2	3	4	5	6	7	8	9	10
1 アサヒスーパードライ	1.000	0.817	0.906	0.705	0.849	0.732	0.547	0.762	0.595	0.451
2 キリンラガービール	0.975	1.000	0.956	0.803	0.915	0.803	0.601	0.833	0.664	0.522
3 キリン一番搾り	0.952	0.841	1.000	0.724	0.863	0.752	0.553	0.786	0.618	0.466
4 サッポロ生ビール黒ラベル	0.975	0.930	0.953	1.000	0.943	0.864	0.674	0.848	0.696	0.554
5 エビスビール	0.959	0.866	0.928	0.770	1.000	0.811	0.579	0.817	0.628	0.506
6 サントリー・ザ・プレミアム・モルツ	0.970	0.891	0.948	0.827	0.952	1.000	0.633	0.830	0.685	0.552
7 アサヒ本生ドラフト	0.992	0.913	0.954	0.884	0.929	0.867	1.000	0.921	0.801	0.635
8 麒麟淡麗〈生〉	0.960	0.879	0.942	0.772	0.911	0.790	0.640	1.000	0.718	0.539
9 キリンのどごし〈生〉	0.967	0.903	0.955	0.818	0.903	0.840	0.717	0.926	1.000	0.654
10 サントリー金麦	0.970	0.941	0.906	0.862	0.966	0.897	0.754	0.921	0.867	1.000

レスの最小値は，0.123, 0.061, 0.056, 0.030, 0.025 である．次元数を増加させたときのストレスの減少，ストレスの値，布置（図4.6）の解釈から，2次元の結果を解とするのが適切と考えられる．図4.6の布置は，10個のブランドの位置が，クルスカルの多次元尺度構成法で求めた図3.10の布置と近くなるように次元を回転（プロクラステス回転）したものである（Cliff, 1966；岡太・今泉，1994：pp. 131-141）．

　図4.6では，各ブランドは2次元平面の点とその点に中心をもつ円で表現されている．図3.10と同様に，布置の右側には第3のビール（キリンのどごし〈生〉，サントリー金麦）とアサヒ本生ドラフト（発泡酒）が位置し，左側にはビールとプレミアムビールが位置する傾向がある．布置の上側にはキリン（麒麟）のブランドが位置し，下側にはそれ以外のブランドが位置する傾向がある．したがって，図3.10と同様，次元1は第3のビールとアサヒ本生ドラフトをそれ以外のビール類から区別する次元であり，次元2はキリン（麒麟）ブラン

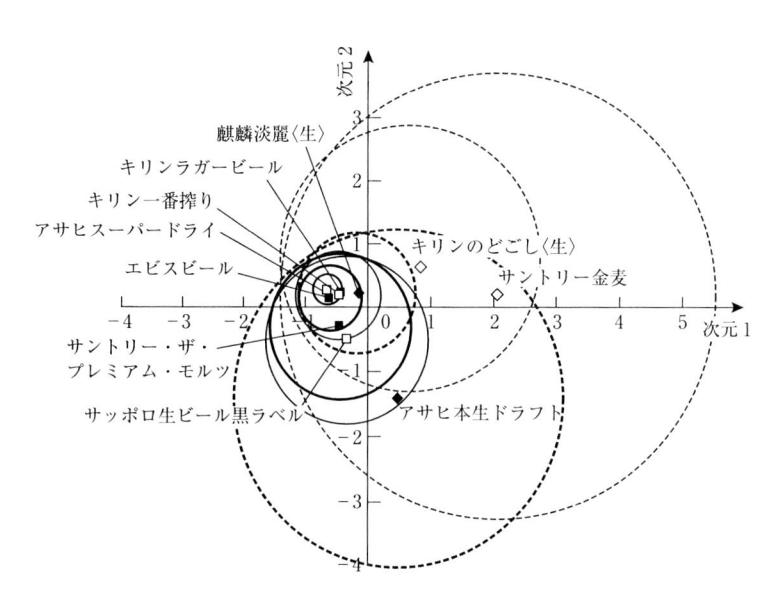

図4.6　ビール類のブランドの2次元布置（非対称多次元尺度構成法）
ビールの円を細い実線で表現し，プレミアムビールの円を太い実線で表現し，発泡酒の円を太い破線で表現し，第3のビールの円を細い破線で表現した．また□はビール，■はプレミアムビール，◆は発泡酒を表現し，◇は第3のビールを表現する．

ドのビール類をそれ以外のビール類から区別する次元であるということができる．第3のビールとアサヒ本生ドラフトは，他のブランドから離れて右側に位置し，これら3つのブランドは他のビール類との飲用経験の共有が少ないことを表している．

各ブランドを表現する円の半径は，① 半径が小さいほどそのブランドを飲用する消費者の中で他ブランドとの飲用経験共有比率が小さく，他ブランドを飲用する消費者の中でそのブランドとの飲用経験共有比率が大きい．また，② 半径が大きいほどそのブランドを飲用する消費者の中で他ブランドとの飲用経験共有比率が大きく，他ブランドを飲用する消費者の中でそのブランドとの飲用経験共有比率が小さい，ということを意味する．

第3のビール（2ブランド）とアサヒ本生ドラフトの3つのブランドは，他のブランドに比べて半径が非常に大きく，他ブランドを飲用しこれら3つのブランドも飲用する消費者の比率は小さいが，これら3つのブランドを飲用し他ブランドも飲用する消費者の比率は大きいことを意味する．アサヒスーパードライは，半径が最も小さく0である．(4.3.2項のaを参照)すなわち，アサヒスーパードライを飲用する消費者は他ブランドとの飲用経験共有比率が小さく，他ブランドを飲用する消費者の中でアサヒスーパードライとの飲用経験共有比率が大きい．このような意味で，半径はブランドの競争力（半径が小さいほど競争力が大きい），あるいは，消費者の各ブランドに対するロイヤルティ（忠誠度）を表すと考えられる（半径が小さいほどロイヤルティが大きい）．

5

商品の属性は評価へどう影響するのか
―コンジョイント分析法―

5.1 目　　　的

　製品やサービスにはいくつかの属性がある．コンジョイント分析法(conjoint measurement）は，属性が商品の評価にどのように結びついているのかを明らかにする．コンジョイント分析法にはさまざまな方法があるが，本章では非計量的多次元尺度構成法と同様なアルゴリズムに基づくコンジョイント分析法（Kruskal, 1965；岡太・今泉，1994：pp. 100-114；Young, 1972［岡太・渡邊（訳），1976］）を述べる．

5.2 デ　ー　タ

　たとえば飲料を考えると，「ダイエット／ノンダイエット」という属性（「ダイエット」と「ノンダイエット」という2つの水準をもつ）や「コーラ味／レモン味」という属性（「コーラ味」と「レモン味」という2つの水準をもつ）などがある．ここで，2つの属性各々の2つの水準を組み合わせると，4種類の製品が考えられる．
　・ダイエット-コーラ味
　・ダイエット-レモン味
　・ノンダイエット-コーラ味
　・ノンダイエット-レモン味
属性の水準の組合せ（からなる仮想的な製品）について消費者が判断した選好

度が，コンジョイント分析法のデータである．

5.3 方　　　法

5.3.1 モデル

前節の例でいえば，2つの属性の2つの水準に数値を与え，その水準の組合せをもつ製品の効用を，当該の水準に与えられた数値の和で表し，効用の大きさが消費者の判断した選好度と単調増加になるように，それぞれの属性の各水準に数値（部分効用という）を与える．たとえば，ダイエット-コーラ味という製品であれば，「ダイエット／ノンダイエット」という属性の「ダイエット」という水準の部分効用と「コーラ味／レモン味」という属性の「コーラ味」という水準の部分効用の和がこの製品の効用であり，この効用でダイエット-コーラ味という製品の選好度を表現する．

属性の個数を R とし，属性 t は c_t 個の水準をもつとする．属性1の水準が j であり，属性2の水準が k であり，…，属性 R の水準が m である製品の選好度の観測値を $s_{jk\cdots m}$ とする．属性1の水準 j の部分効用を x_{1j} とし，属性2の水準 k の部分効用を x_{2k} とし，…，属性 R の水準 m の部分効用を x_{Rm} とする．ここで，属性1の水準が j，属性2の水準が k，…，属性 R の水準が m の製品の効用を $a_{jk\cdots m}$ とし，R 個の部分効用の和

$$a_{jk\cdots m} = x_{1j} + x_{2k} + \cdots + x_{Rm} \tag{5.1}$$

で定義する．ただし，属性ごとに c_t 個の部分効用の和（平均）が0になるように

$$\sum_{j=1}^{c_t} x_{tj} = 0 \quad (t=1, 2, \cdots, R) \tag{5.2}$$

基準化する（属性ごとに部分効用の最小値を0とする基準化も用いられる）．

5.3.2 アルゴリズム

コンジョイント分析法のアルゴリズムはクルスカルの多次元尺度構成法と同様である．散布図やストレスも同様に考えることができる（3.3.2項を参照）ただし，クルスカルの多次元尺度構成法では $M(M-1)/2$ 個の類似度と対応す

る点間距離を考えたのに対して，コンジョイント分析法では，全属性の全水準の組合せである $c_1 \times c_2 \times \cdots \times c_R$ 個の選好度と対応する効用 $a_{jk\cdots m}$ を考える．$c_1 \times c_2 \times \cdots \times c_R$ 個の選好度と対応する効用について

$$s_{jk\cdots m} > s_{j'k'\cdots m'} \quad ならば \quad a_{jk\cdots m} \geq a_{j'k'\cdots m'} \tag{5.3}$$

となるように，部分効用 $x_{tj}(t=1, 2, \cdots, R; j=1, 2, \cdots, c_t)$ を求める．

効用との単調増加関係を満たすディスパリティーに対応する $\hat{a}_{jk\cdots m}$ は，クルスカルの多次元尺度構成法と同じ考え方で定義され

$$s_{jk\cdots m} > s_{j'k'\cdots m'} \quad ならば \quad \hat{a}_{jk\cdots m} \geq \hat{a}_{j'k'\cdots m'} \tag{5.4}$$

を満たす．ストレスは

$$ストレス = \sqrt{\frac{\sum_{j=1}^{c_1}\sum_{k=1}^{c_2}\cdots\sum_{m=1}^{c_R}(a_{jk\cdots m}-\hat{a}_{jk\cdots m})^2}{\sum_{j=1}^{c_1}\sum_{k=1}^{c_2}\cdots\sum_{m=1}^{c_R}(a_{jk\cdots m}-\bar{a})^2}} \tag{5.5}$$

のように，$c_1 \times c_2 \times \cdots \times c_R$ 個の組合せについて定義する．ただし

$$\bar{a} = \frac{\sum_{j=1}^{c_1}\sum_{k=1}^{c_2}\cdots\sum_{m=1}^{c_R}a_{jk\cdots m}}{c_1 \times c_2 \times \cdots \times c_R}$$

である．コンジョイント分析法は，式(5.5)で定義されるストレスを最小化する部分効用を求める．ストレスを最小化するためのアルゴリズムはクルスカルの多次元尺度構成法と同様である．

5.3.3 分析の進め方

分析の手順は，クルスカルの多次元尺度構成法のように，複数の次元数での分析は必要なく，1回の分析で1つの結果が得られる．合理的部分効用（岡太・今泉，1994：p.106）を用いた分析の後に，乱数に基づく初期部分効用を何種類か用いて分析することもクルスカルの方法と同様に可能である（3.3.4項を参照）．

5.3.4 データの問題

全属性の全水準の組合せは $c_1 \times c_2 \times \cdots \times c_R$ 個に上る．これらすべての組合せ（製品）の選好度を求めることが実際には難しいことも多い．この場合には，

直交表を用いて（田口，1976；1977）組合せの一部について選好度を求める．選好度を求めなかった組合せは欠測値である（3.3.6項のbを参照）．

5.4 応用例－ビール類の属性を評価する－

本節では，ビール類の3つの属性，「ブランド」，「価格」，「おまけ」（コースター）のそれぞれについて，以下のような水準を考える．

- ブランド（4水準）：(1) アサヒ**スーパードライ**，(2) キリン**一番搾り**，(3) サッポロ生ビール**黒ラベル**，(4) サントリー・ザ・**プレミアム・モルツ**
- 価格（2水準）：(1) 215円，(2) 205円
- おまけ（2水準）：(1) あり，(2) なし

太字は表5.1と表5.2で用いるブランドの省略名である（表2.1を参照）．3

表5.1 コンジョイント分析法のデータ

ブランド	価格	おまけ	属性水準の組合せ[*]	選好度[**]
スーパードライ	215円	あり	111	14
スーパードライ	215円	なし	112	13
スーパードライ	205円	あり	121	16
スーパードライ	205円	なし	122	15
一番搾り	215円	あり	211	10
一番搾り	215円	なし	212	9
一番搾り	205円	あり	221	12
一番搾り	205円	なし	222	11
黒ラベル	215円	あり	311	4
黒ラベル	215円	なし	312	2
黒ラベル	205円	あり	321	8
黒ラベル	205円	なし	322	6
プレミアムモルツ	215円	あり	411	3
プレミアムモルツ	215円	なし	412	1
プレミアムモルツ	205円	あり	421	7
プレミアムモルツ	205円	なし	422	5

[*]：3つの数字は各々の属性の水準を示す．たとえば，「121」は第1の属性の水準が1（スーパードライ），第2の属性の水準が2（205円），第3の属性の水準が1（おまけあり）であることを示す．

[**]：選好度＝17－選好順位で定義され，値が大きいほど選好が大きい．

つの属性の水準の組合せは $4 \times 2 \times 2 = 16$ 通りであり，各消費者は，16種類の製品に対する選好度を判断することになる．

本章では他の章と異なり，筆者のゼミナールに所属する学生ら11名からこれら16種類の製品（組合せ）についての選好順位（1位～16位）を収集し，選好順位を17から引き選好度（選好度=17－選好順位）とした（調査は2009年3月に実施）．表5.1はその中の1名の選好度である．これら11名のデータを，11回の反復（3.3.6項のdを参照）と考え，まとめて分析し，11名の選好度に平均的に適合する部分効用を求めることもできるが，ここでは，1名分の選好度を分析する（Green and Srinivasan, 1990）．

表5.1の選好度を分析し，表5.2のような部分効用を得た．ストレスは0.000である．部分効用の和で各組合せの効用が決まるため，属性のもつ水準間の部分効用の差異（範囲）が大きいほど選好度に大きく影響する．表5.2より，3つの属性の中では「ブランド」の部分効用の差異が大きく（$2.002 - (-1.225) = 3.227$），水準「アサヒスーパードライ」の部分効用が最大であり，「サッポロ生ビール黒ラベル」と「サントリー・ザ・プレミアム・モルツ」の部分効用は最小である．「キリン一番搾り」の部分効用は両者の中間である．2つの属性「価格」と「おまけ」は，「ブランド」に比べると部分効用の差異が小さく（「価格」の差異は $0.618 - (-0.618) = 1.236$ であり，「おまけ」の差異は $0.111 - (-0.111) = 0.222$ である），選好度への影響は小さい．「価格」は，「205円」の方が「215円」よりも部分効用が大きく，低価格の方が選好されるという合理的な結果である．同様に，「おまけ」も，「あり」の方が「なし」よりも部分効用が大きい．負の部分効用があるのは，式(5.2)のように属性ごとに部分効用の和（平均）が0となるように基準化したからである．

表5.1からわかるように，サッポロ生ビール黒ラベルとサントリー・ザ・プ

表5.2　部分効用

ブランド		価　格		おまけ	
スーパードライ	2.002	215円	-0.618	あり	0.111
一番搾り	0.449	205円	0.618	なし	-0.111
黒ラベル	-1.225				
プレミアムモルツ	-1.225				

レミアム・モルツを比較すると，ブランド以外の 2 つの属性が同じ水準であれば，サッポロ生ビール黒ラベルの方が選好度が大きい．しかし，「ブランド」について得られた部分効用（表 5.2 を参照）は，「サッポロ生ビール黒ラベル」と「サントリー・ザ・プレミアム・モルツ」は同一である．これは，式(5.3)の効用 $a_{jk \cdots m}$ の関係が等号を含み，同一の値であっても効用が選好度との単調増加関係を満たすからである．

表 5.2 より，効用が最大であるのは，属性「ブランド」の水準が「アサヒスーパードライ」であり，属性「価格」の水準が「205 円」であり，属性「おまけ」の水準が「あり」である製品（属性水準の組合せは 121）である（効用 = 2.002 + 0.618 + 0.111 = 2.731）．

6

ブランドや消費者を分類する
―クラスター分析法―

6.1 目　　　的

　ブランドが多数あるときに，類似したブランドどうしをまとめて，同質的なブランドの集団を構成することができれば，多くのブランドを扱わずに少数の集団を扱うことができるため，さまざまな点で有益である．このような場合にはクラスター分析法（cluster analysis）を用いる．クラスター分析法はブランド間の類似度関係を分析する点では多次元尺度構成法と同様であるが，多次元尺度構成法は布置という連続的（空間的）表現を用いるのに対して，クラスター分析法は集団（これをクラスターという）への分類という離散的（非空間的）表現を用いる（DeSarbo *et al.*, 1993［岡太（訳），1997］）．
　クラスター分析法は，クラスターへの所属によりブランド間の類似度関係を表現する．クラスター分析法には種々の考え方に基づく多様な手法があるが（Gordon, 1999），本章では広く利用されている最大法（maximum method）と最小法（minimum method）（足立，2006：pp. 11-20；Gordon, 1999：pp. 78-90；Johnson, 1967；岡太・今泉，1994：pp. 81-99）を中心に説明する．

6.2 デ　ー　タ

　最大法も最小法も，単相2元類似度（表 3.1 を参照）を分析するクラスター分析法である．最大法は，最遠隣法，Max 法あるいは CLINK 法（Complete **LINK**age method）ともよばれており，最小法は，最近隣法，Min 法あるいは

SLINK 法（Single **LINK**age method）ともよばれる．

6.3 方　　　　法

6.3.1 階層クラスターと非階層クラスター

　クラスター分析法には，階層クラスター分析法（hierarchical cluster analysis）と非階層クラスター分析法（nonhierarchical cluster analysis）がある．両者の相違点は後述する．最大法と最小法は階層クラスター分析法である．最大法でも最小法でも，最初の段階では各ブランドがそれ 1 つだけからなるクラスターを構成していると考え，次に最も類似した 2 つのクラスター（ブランド）を 1 つのクラスターにまとめ，クラスター数（クラスターの個数）を 1 つ減らして次の段階に進む，という手順を繰り返す．最後の段階ではクラスター数が 1 つ，すなわち，すべてのブランドが 1 つのクラスターにまとまる．

　したがって，最大法でも最小法でも，前の段階で同じクラスターを構成した（同じクラスターに所属した）クラスター（ブランド）どうしは，その後に構成されるクラスターでも必ず同じクラスターに所属する．このような性質をもつクラスターを階層クラスターといい，階層クラスターを構成するクラスター分析法を階層クラスター分析法という．このような性質をもたないクラスターを非階層クラスターといい，非階層クラスターを構成するクラスター分析法を非階層クラスター分析法という．

6.3.2 アルゴリズム

a. 最大法

階層クラスター分析法のアルゴリズムの各段階は，2 つの過程
① 最も類似した 2 つのクラスターを 1 つのクラスターにまとめる．
② 新たに ① で構成されたクラスターと既存のクラスターの間の類似度を求める．

からなる．ただし，ここでクラスターというのは，1 つだけのブランドから構成されるクラスターも含む．過程 ① はすべての階層クラスター分析法に共通であるが，過程 ② は手法により異なる．ブランドの個数が M であれば，1 つ

の段階ごとにクラスター数が1つ減り，$M-1$ 個の段階を経て M 個のブランドが1つのクラスターにまとまる．

2つのブランド j と k の間の類似度の観測値を s_{jk} とする．過程 ① では，クラスター（ブランド）間の類似度が最大となるクラスター J と K を探し

$$s_{JK} = \max_{j<k} s_{jk} \tag{6.1}$$

クラスター J と K を1つのクラスターにまとめる．

次の過程 ② では，過程 ① で構成されたクラスター (JK) とそれ以外の既存のクラスター m の間の類似度を定義する．最大法では，クラスター (JK) と m の間の類似度 $s_{(JK)m}$ を

$$s_{(JK)m} = \min(s_{Jm}, s_{Km}) \tag{6.2}$$

と定義する．1つのクラスターにまとめられる前のクラスター J と m の間の類似度 s_{Jm} とクラスター K と m の間の類似度 s_{Km} の小さい方をクラスター (JK) と m の間の類似度とする．クラスター J と K のうち，クラスター m により類似していないクラスターとの類似度をクラスター (JK) と m の間の類似度とする．

式 (6.2) を幾何学的に考える．以下では，類似度を距離で表して最大法のアルゴリズムを説明する．図 6.1 は 4 つのブランド（クラスター）A, B, C, D を 2 次元平面の点により表現している（座標は表 6.4 を参照．表 6.4 の変数 1, 2 が図 6.1 の次元 1, 2 にあたる）．これは段階 0（最初の段階）である．類似度

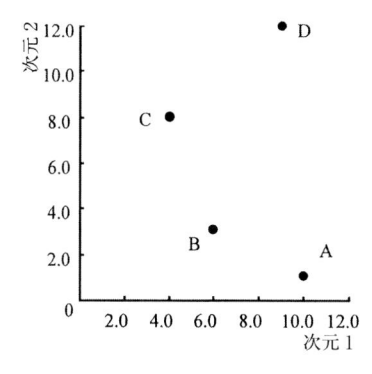

図 6.1 2次元平面の点として表現した4つのクラスター

表 6.1 4つのクラスター A, B, C, D の間の類似度（距離の最大値 − 距離）

	A	B	C
B	**6.6**		
C	1.8	5.7	
D	0.0	1.6	4.6

は値が大きいほど似ている度合いが大きくなるが，距離は値が小さくなるほど近い，すなわち類似しており，図6.1でクラスターを表現する点の間の距離が小さいほどその2つのクラスターの間の類似度は大きい．

図6.1の距離を類似度に変換するために，距離の最大値であるクラスターAとDの間の距離11.0から各々の距離を引き

$$s_{jk} = 11.0 - d_{jk} \tag{6.3}$$

類似度 s_{jk} に変換する．d_{jk} は図6.1のクラスター j と k の間の距離である．表6.1は，式(6.3)により算出した4つのクラスターの間の類似度である（表6.4の座標から求めた距離 d_{jk} と表6.1の類似度 s_{jk} の和が11.0にならないものがあるのは丸めの誤差による）．

式(6.1)より，4つのブランド（クラスター）の間の6つの類似度（表6.1を参照）の最大値（距離の最小値）を探す．クラスターAとBの間の類似度6.6が最大（距離が最小）であり，クラスターAとBを1つにまとめ，クラスター(AB)を構成する（図6.2を参照）．

図6.2は，クラスター(AB)，C，およびDという3つのクラスターを示す．3つのクラスターを{(AB), C, D}と表す．式(6.2)により，新たに構成されたクラスター(AB)とそれ以外の既存のクラスターCおよびDとの間の類似度を求めると

$$s_{(AB)C} = \min(s_{AC}, s_{BC}) = \min(1.8, 5.7) = s_{AC} = 1.8 \tag{6.4}$$

$$s_{(AB)D} = \min(s_{AD}, s_{BD}) = \min(0.0, 1.6) = s_{AD} = 0.0 \tag{6.5}$$

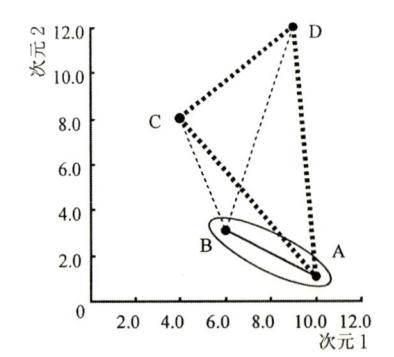

図6.2 2次元平面に表現した3つのクラスター（最大法）

表6.2 3つのクラスター (AB), C, Dの間の類似度（最大法）

	(AB)	C
C	1.8	
D	0.0	4.6

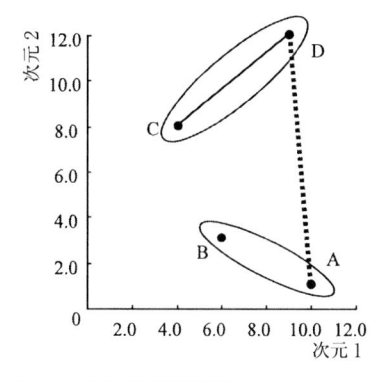

図 6.3 2次元平面に表現した2つのクラスター（最大法）

表 6.3 2つのクラスター（AB）と（CD）間の類似度（最大法）

	(AB)
(CD)	**0.0**

である．クラスターCとDの間の類似度は，クラスター(AB)を構成したことと関係がなく，4.6のまま変わらない．表6.2は{(AB), C, D}という3つのクラスターの間の類似度であり，図6.2（段階1）は3つのクラスター(AB)，C，D間の類似度に対応する点間距離を太い破線で示す．

式(6.1)より3つのクラスターの間の3つの類似度（図6.2の太い破線および表6.2）の最大値（距離の最小値）を探す．クラスターCとDの間の類似度4.6が最大（距離が最小）であり，クラスターCとDを1つにまとめ，クラスター(CD)を構成する（図6.3を参照）．

図6.3は，{(AB), (CD)}という2つのクラスターを示す．式(6.2)により，新たに構成されたクラスター(CD)と既存のクラスターであるクラスター(AB)の間の類似度を求めると

$$s_{(AB)(CD)} = \min(s_{(AB)C}, s_{(AB)D}) = \min(1.8, 0.0) = s_{(AB)D} = 0.0 \quad (6.6)$$

である．表6.3は{(AB), (CD)}という2つのクラスターの間の類似度であり，図6.3（段階2）は2つのクラスター(AB)と(CD)の間の類似度に対応する点間距離を太い破線で示している．

式(6.1)より類似度（表6.3および図6.3）の最大値（距離の最小値）を探す．類似度は1つしかなく，クラスター(AB)と(CD)の間の類似度0が最大であり，クラスター(AB)と(CD)を1つにまとめ，クラスター(ABCD)を構成する（図6.4を参照）．これにより，当初の4つのブランドが1つのクラスターにま

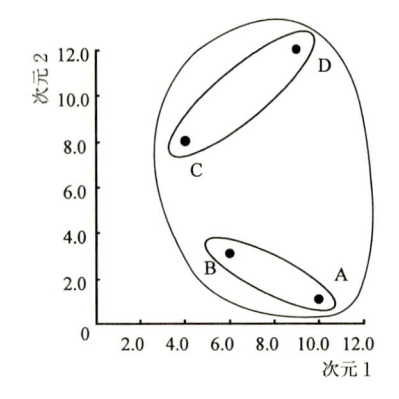

図 6.4 2 次元平面に表現した 1 つのクラスター（最大法）

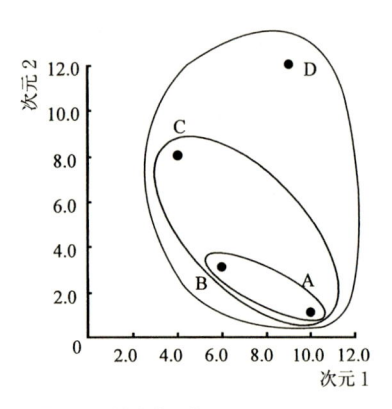

図 6.5 最小法で得られたクラスター

とまった．図 6.4（段階 3）では各クラスターを囲んでいる輪郭が入れ子になっており，これは階層クラスターの特徴である（6.3.1 項を参照）．

最大法では，式(6.2) で小さい方の類似度を，新たに構成されたクラスターと既存のクラスターの間の類似度とした．小さい類似度は，大きい非類似度ということであり，式(6.2) を非類似度で考えれば，最小値（minimum）をとる代わりに最大値（maximam）をとることであり，最大法という名称の由来である（式(6.9) を参照）．図 6.3 においては，クラスター(AB) と (CD) の間の類似度は，ブランド A と C の間の類似度 1.8，A と D の間の類似度 0.0，B と C の間の類似度 5.7，B と D の間の類似度 1.6，という 4 つの類似度の最小値（非類似度の中の最大値）である A と D の間の類似度 0.0 である（表 6.1 を参照）．

b. 最小法

過程 ② で，クラスター(JK) と m の間の類似度 $s_{(JK)m}$ を

$$s_{(JK)m} = \max(s_{Jm}, s_{Km}) \tag{6.7}$$

と定義する（式(6.2) を参照）．クラスター J と m の間の類似度とクラスター K と m の間の類似度の大きい方をクラスター (JK) と m の間の類似度とする．すなわち，クラスター J と K の 2 つのクラスターのうち，クラスター m により類似しているクラスターとの類似度をクラスター(JK) と m の間の類似度とする．図 6.5 は，最大法の場合と同じデータ（表 6.1）を最小法で分析して

得られたクラスターである．最小法では，構成されるクラスターが，たとえば図 6.5 のクラスター（ABC）に含まれるブランド A と C のように，あまり類似していないブランドどうしが同じクラスターに含まれる（クラスター A と B およびクラスター B と C は類似しているが，クラスター A と C はあまり類似していない）可能性がある．

　ここでは，2 次元平面に点として表現されたブランド間の点間距離を非類似度と考え，非類似度を類似度に変換して最大法と最小法を説明した．これは，あくまでも説明のためであり，実際の分析において布置での点間距離をクラスター分析することは不適切である．布置での点間距離のクラスター分析を支持する立場もあるが，不適切と考えるのが妥当である（6.5 節を参照）．

6.3.3　樹 状 図

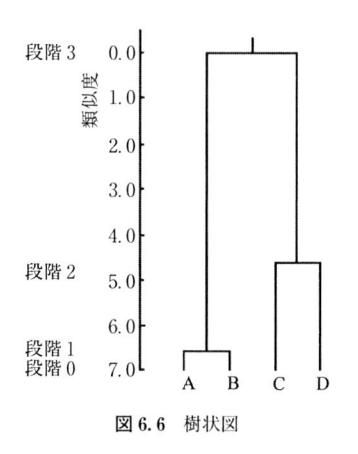

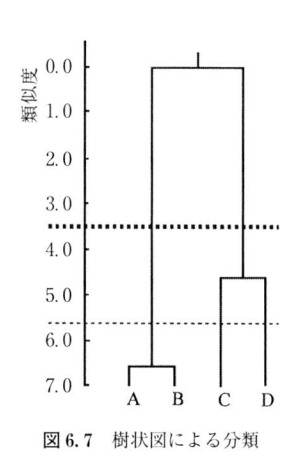

　図 6.1（段階 0）から図 6.4（段階 3）は，4 つのブランド間の類似度を最大法で分析した経過である．樹状図（dendrogram）は，この経過を表す（図 6.6）．最下段から上に向かって 4 つの段階が樹状図に表されている．樹状図で，下の段階で同じクラスターに含まれたクラスターは，その上の段階でも必ず同じクラスターに含まれる．段階 1 で同じクラスターに含まれる A と B は，段階 2 でも 3 でも同じクラスターに含まれており，これは階層クラスターを特徴づける性質である（6.3.1 項を参照）．

図 6.6　樹状図

図 6.7　樹状図による分類

6.3.4 階層クラスター分析法による分類

樹状図を途中で切断し，ブランドを分類することができる（足立，2006：p.14；岡太・今泉，1994：pp.90-91）．図6.7は，図6.6の樹状図を異なる2種類の類似度で切断した場合である．太い破線では4つのブランドは「{(AB), (CD)}という2つのクラスター」に分類される．一方，細い破線では，4つのブランドは「{(AB), C, D}という3つのクラスター」に分類される．細い破線は太い破線よりも大きい類似度で樹状図を切断しているからである．

階層クラスター分析法による分類は，樹状図を切断する位置で決まる．クラスターを構成する際の類似度の差が最大である2つの段階の間で切断するのが基準の1つである．これにより，2つの段階の下の段階でのクラスターへの分類が得られる．図6.6の樹状図でクラスターを構成する際の類似度の差を求めると

段階1と2の差： $6.6-4.6=2.0$
段階2と3の差： $4.6-0.0=4.6$

であり，段階2と3の差が最大である．

クラスターが構成される際の類似度の差が最大である2つの段階の間で樹状図を切断する根拠は，以下の通りである．2つの段階の上の段階では，他のクラスターとの類似度が最も大きく低下するクラスター（クラスターが構成される際の類似度の差が最大であるため），すなわち異質なクラスター，を含むクラスターが構成されてしまうからである．なるべく同質的なブランドにより構成されるクラスターに分類したいのである．樹状図を切断する位置は，この他に，得られるクラスター（分類）の意味の解釈，クラスター数が多過ぎたり少な過ぎたりしないかということも考慮して判断する．

6.4 さまざまな手法

本節では，クラスター分析法のさまざまな手法，および，分析することができるデータなどについて述べる．

6.4.1 非類似度の分析

最大法は,式(6.1)と式(6.2)の代わりに以下のように定義すれば,非類似度を分析することができる.δ_{jk} はクラスター j と k の間の非類似度の観測値である.

$$\delta_{JK} = \min_{j<k} \delta_{jk} \tag{6.8}$$

$$\delta_{(J,K)m} = \max(\delta_{Jm}, \delta_{Km}) \tag{6.9}$$

6.4.2 ウォード法

ウォード法（Ward's method）は（足立, 2006：pp.15-16；Gordon, 1999：pp.79-87；Ward, 1963），最大法と並んで代表的な階層クラスター分析法の1つであり，単相2元類似度ではなく，2相2元データを分析するクラスター分析法として説明されることが多い（岡太・今泉, 1994：pp.93-97）．表2.5のブランド×特性の2相2元データであれば，M 個の特性が変数を表す互いに直交する座標軸であると考え，表2.5の各行を M 次元空間の点として，合計で N 個の点として表現する．ウォード法は，偏差平方和というクラスター内の異質性に基づいてクラスターを構成する．クラスターごとにそのクラスターを構成するブランドの座標の平均を求め，各ブランドについて，平均からの偏差の2乗を M 個の変数について合計し，その2乗和を全ブランドについて合計すればそのクラスターの偏差平方和が求められる．すべてのクラスターの偏差平方和を合計し，（すべてのクラスターの）偏差平方和が得られる.

最初の段階（段階0）では，N 個のブランドがそれぞれ1つからなるクラスターを構成し，全部で N 個のクラスターがあると考える．各クラスターを構成する点（ブランド）の座標の平均は，そのブランド（クラスター）の座標そのものである．したがって，各クラスターの偏差平方和は0であり，段階0（N 個のクラスター）の偏差平方和は0である.

次の段階（段階1）では，N 個のブランド（クラスター）の中から2つを選んで1つのクラスターにまとめ，構成される $N-1$ 個のクラスターの偏差平方和が最小になるように2つのブランド（クラスター）を選んで1つのクラスターにまとめる．以下のようにして，N 個のブランドから2つを選ぶ組合せ $_NC_2$ 通

りの中で偏差平方和が最小となるように，2つのブランド（点）を選んで1つのクラスターにまとめる．
① 2つの点の座標の平均をM個の座標軸の各々について算出する．
② 2つの点の各々について，座標軸ごとに平均との差（偏差）を2乗し，偏差の2乗和（M個の座標軸についての和）を求める．
③ 偏差の2乗和を2つの点について合計する．これは，新たに構成された2つのブランドからなるクラスターの偏差平方和である．
④ 他の$N-2$個のクラスターの偏差平方和（すべて0）と③で求めた偏差平方和の和が，（$N-1$個のクラスターの）偏差平方和である．

次の段階（段階2）では，$N-1$個のクラスターから2つを選んで1つのクラスターにまとめ，偏差平方和が最小になるような$N-2$個のクラスターを構成する．$_{N-1}C_2$通りの組合せについて，得られる$N-2$個のクラスターの偏差平方和が最小となるように，2つのクラスターを選んで1つにまとめる．

このように，偏差平方和が最小となるように2つのクラスターを選んで1つにまとめ，すべてのブランドが1つのクラスターにまとまるまで$N-1$回繰り返す．偏差平方和が小さいということは，各クラスターが，その平均に近く類似したブランドで構成され，各クラスター内の異質性が小さいということである．

ウォード法を表6.4の2相2元データ（$N=4, M=2$）に適用して，そのアルゴリズムを示す（以下の偏差平方和の計算では式の左辺と右辺が等しくない場合があるが，これは丸めの誤差による）．

段階0では，4つのブランドの各々が1つのクラスターを構成し，各クラスターでは変数1も2も座標の平均は，各ブランドの座標そのものである．したがって，各クラスターの偏差平方和は0.0である．

表6.4 4つのブランドの2変数の座標

	変数1	変数2
A	10	1
B	6	3
C	4	8
D	9	12

クラスター A
    変数 1 の平均 = 10/1 = 10.0，変数 2 の平均 = 1/1 = 1.0
    変数 1 と 2 についての偏差の 2 乗和 = $(10-10.0)^2 + (1-1.0)^2 = 0.0$
    クラスター A の偏差平方和 = 0.0
クラスター B の偏差平方和 = 0.0
クラスター C の偏差平方和 = 0.0
クラスター D の偏差平方和 = 0.0
{A, B, C, D} という 4 つのクラスターの偏差平方和 = 0.0

段階 0 では，各クラスターの偏差平方和は 0.0 であり，{A, B, C, D} という 4 つのクラスター全体の偏差平方和は 0.0 である（図 6.1 を参照）．

次の段階（段階 1）では，4 つのクラスターから 2 つを選んで 1 つのクラスターにまとめ，偏差平方和が最小になるような 3 つのクラスターを構成する．クラスターを構成する組合せは $_4C_2 = 6$ 通りである．最初にブランド A と B を 1 つのクラスターにまとめた場合を考える．

クラスター(AB)
    変数 1 の平均 = (10+6)/2 = 8.0，変数 2 の平均 = (1+3)/2 = 2.0
    ブランド A の変数 1 と 2 についての偏差の 2 乗和 = $(10-8.0)^2 + (1-2.0)^2$
      = 5.0
    ブランド B の変数 1 と 2 についての偏差の 2 乗和 = $(6-8.0)^2 + (3-2.0)^2$
      = 5.0
    クラスター AB の偏差平方和 = 5.0 + 5.0 = 10.0
クラスター C の偏差平方和 = 0.0
クラスター D の偏差平方和 = 0.0
{(AB), C, D} という 3 つのクラスターの偏差平方和 = 10.0 + 0.0 + 0.0 = 10.0
ブランド A と C を 1 つのクラスターにまとめた場合
    {(AC), B, D} という 3 つのクラスターの偏差平方和 = 42.5 + 0.0 + 0.0 = 42.5
ブランド A と D を 1 つのクラスターにまとめた場合
    {(AD), B, C} という 3 つのクラスターの偏差平方和 = 61.0 + 0.0 + 0.0 = 61.0
ブランド B と C を 1 つのクラスターにまとめた場合

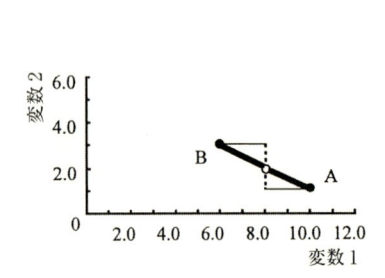

図6.8 クラスター(AB)の偏差平方和
クラスターAから平均までの距離の2乗とクラスターBから平均までの距離の2乗の和がクラスター(AB)の偏差平方和である.

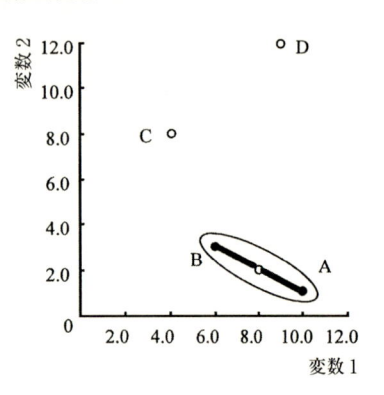

図6.9 4つのブランドが3つのクラスターを構成する段階
クラスター(AB)の偏差平方和は10.0であり,それ以外の2つのクラスターの偏差平方和は各々0.0である. 3つのクラスターの偏差平方和は10.0である.

{A, (BC), D}という3つのクラスターの偏差平方和=0.0+14.5+0.0=14.5
ブランドBとDを1つのクラスターにまとめた場合,

{A, (BD), C}という3つのクラスターの偏差平方和=0.0+45.0+0.0=45.0
ブランドCとDを1つのクラスターにまとめた場合,

{A, B, (CD)}という3つのクラスターの偏差平方和=0.0+20.5+0.0=20.5

クラスター数を4から3に減らす6通りの中で,偏差平方和が最小になるのは,{(AB), C, D}という3つのクラスターであり,このときの偏差平方和10.0は,クラスター(AB)から生じている. 図6.8は,ブランドA, B,平均(8, 2)の3点を表す.ブランドAと平均の差で変数1を表す座標軸と平行な部分(10−8=2)およびブランドBと平均の差で変数1と平行な部分(6−8=−2)が,細い実線で示されている.これらは平均との差であり,両者の絶対値は等しい.同様に,ブランドAと平均の差で変数2と平行な部分(1−2=−1)およびブランドBと平均の差で変数2と平行な部分(3−2=1)が,破線で示されている.

ブランドAを表現する点から平均を表現する点までの距離の2乗は,変数1に平行な成分の2乗と変数2に平行な成分の2乗の和 $2^2+(-1)^2=5$ であり,同様にブランドBを表現する点から平均を表現する点までの距離の2乗も

$(-2)^2 + 1^2 = 5$ である（図 6.8 および図 6.9 の太い実線の長さは距離である）．この 2 つの距離の 2 乗和が，クラスター (AB) の偏差平方和 10.0 である．図 6.9 は，クラスター数が 3 の段階を示す（段階 1）．

次の段階（段階 2）は，3 つのクラスターから 2 つを選んで 1 つのクラスターにまとめ，偏差平方和が最小となるような 2 つのクラスターを構成することである．クラスターを構成する組合せは $_3C_2 = 3$ 通りである．最初に，クラスター (AB) とブランド C を 1 つのクラスターにまとめる場合を考える．

クラスター (ABC)
  変数 1 の平均 = $(10+6+4)/3 = 6.7$，変数 2 の平均 = $(1+3+8)/3 = 4.0$
  ブランド A の変数 1 と 2 についての偏差の 2 乗和 = $(10-6.7)^2 + (1-4.0)^2$
    = 20.1
  ブランド B の変数 1 と 2 についての偏差の 2 乗和 = $(6-6.7)^2 + (3-4.0)^2$
    = 1.4
  ブランド C の変数 1 と 2 についての偏差の 2 乗和 = $(4-6.7)^2 + (8-4.0)^2$
    = 23.1
  クラスター (ABC) の偏差平方和 = 20.1 + 1.4 + 23.1 = 44.7
クラスター D の偏差平方和 = 0.0
{(ABC), D} という 2 つのクラスターの偏差平方和 = 44.7 + 0.0 = 44.7
クラスター (AB) とブランド D を 1 つのクラスターにまとめた場合，
{(ABD), C} という 2 つのクラスターの偏差平方和 = 77.3 + 0.0 = 77.3
ブランド C と D を 1 つのクラスターにまとめた場合
  クラスター (AB) の偏差平方和 = 10.0
  クラスター (CD) の偏差平方和 = 20.5
  {(AB), (CD)} という 2 つのクラスターの偏差平方和 = 10.0 + 20.5 = 30.5

クラスター数を 3 から 2 に減らす 3 通りの中で，偏差平方和が最小となるのは，{(AB), (CD)} という 2 つのクラスターであり，このときの偏差平方和は 10.0 + 20.5 = 30.5 である．図 6.10 はクラスター数 2 の段階を示す（段階 2）．

最後の段階（段階 3）では，2 つのクラスターを 1 つのクラスターにまとめる．クラスターを構成する組合せは 1 通りであり，クラスター (AB) と (CD)

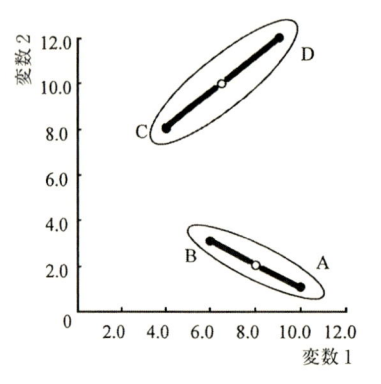

図 6.10 3つのクラスターが2つのクラスターを構成する段階

クラスター(AB) の偏差平方和は 10.0 であり，クラスター(CD) の偏差平方和は 20.5 である．2つのクラスター全体の偏差平方和は 30.5 である．

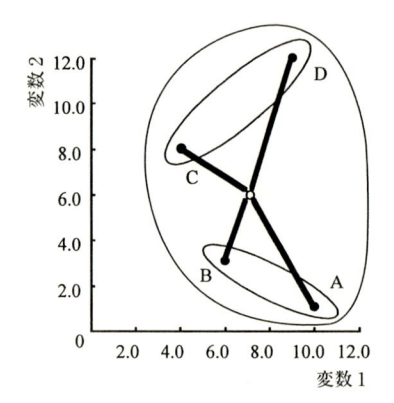

図 6.11 2つのクラスターが1つのクラスターを構成する段階

この1つのクラスターの偏差平方和は 96.8 である．

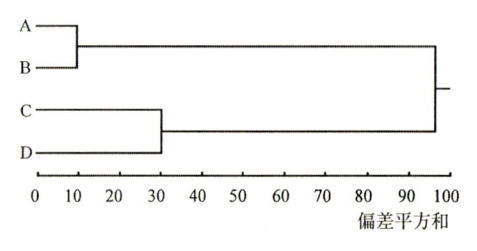

図 6.12 ウォード法により分析した経過を示す樹状図

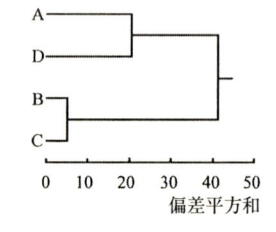

図 6.13 表 6.4 の変数 2 の値を 0.5 倍したデータをウォード法により分析して得られた樹状図

を1つのクラスターにまとめる．

クラスター(ABCD) の偏差平方和は = 96.8 であり，これが最小である．図 6.11 はクラスター数が1の段階を示す（段階3）．

図 6.12 は，表 6.4 のデータをウォード法により分析した経過を示す樹状図である．この樹状図は横方向に描かれている．樹状図の座標軸は，偏差平方和を表す．ウォード法と最大法は比較的似通ったクラスターを構成する傾向がある（図 6.6 と図 6.12 を比較）．

ウォード法では，変数を測定する単位を変えると結果に影響する．たとえば，長さをメートルで測定した場合とセンチメートルで測定した場合では，物理的

な長さは同じでも長さを表す数値は後者が前者の100倍である．後者（センチメートル）は前者（メートル）の10,000倍の影響を偏差平方和に与える．

図6.13は，表6.4の変数2の座標だけを0.5倍した（Aの変数2の座標＝1/2＝0.5, …, Dの変数2の座標＝12/2＝6）4ブランド×2変数のデータをウォード法で分析して得られた樹状図である（図6.12と比較）．ウォード法では，各変数が分析に対し均等に影響するように，各変数の分散を1に基準化することが多い．平均は分析結果に影響を与えず，基準化の必要はない．

階層クラスター分析法にはさまざまな方法があるが，これらは統一的なアルゴリズムにより扱うことができる（Gordon, 1996, 1999：pp. 78-90；Lance and Williams, 1966, 1967；大隅，1979：pp. 228-230）．

6.4.3 非階層クラスター分析法

非階層クラスター分析法にもいろいろな方法がある．代表的な方法としてk-means法（足立，2006：pp. 19-20；Gordon, 1999：pp. 41-49；MacQueen, 1967；大隅，1979：pp. 212-222）が挙げられる．ブランド×変数などの2相2元データを分析する．N個のブランドから，あらかじめ決めたk個のクラスターを反復的なアルゴリズムにより構成する，すなわち，N個のブランドをあらかじめ決めたk個のクラスターのいずれかに所属させる．

本項ではk-means法に代表される反復的非階層クラスター分析法の考え方を述べる．何種類かのクラスター数のもとでクラスター分析を実行し，得られたクラスター（分類）を比較して，クラスター数を決める．反復的非階層クラスター分析法のアルゴリズムは，以下のような過程からなる．

① 分析のクラスター数kを決定する．
② k個のブランドをクラスターの最初の核に選ぶ．
③ 残りのブランドを最も近い（ユークリッド距離（3.3.6項のeを参照）が最小）核のクラスターに所属させる．
④ 構成されたクラスターの重心(すなわち平均)を算出し，新たなクラスターの核とする．
⑤ 各ブランドを最も近い核のクラスターに所属させる．
⑥ 上記の④と⑤を重心が安定するまで反復する．

このアルゴリズムでは，得られるクラスターが最初の核に依存する．最初の核の選択方法はさまざまであるが，同じクラスター数のもとで何種類かの異なる核を用いてクラスターを構成し，得られた結果を比較する．クラスター内での重心からの偏差平方和などの適合度をもとにして最適と考えられる結果を選ぶ．クラスター数を何通りか変え，各クラスター数のもとで最適と考えられる結果を選び，その中から偏差平方和，クラスターの意味の解釈，クラスター数などを考慮して（6.3.4項を参照）解（クラスター数）を決定する．

反復的非階層クラスター分析法の特徴は，与えられたクラスター数のもとで一定の基準（偏差平方和など）に基づいた最適なクラスターが構成され，その意味での最適な分類が得られることである．階層クラスター分析法では，樹状図を途中で切断して分類したとき，そのクラスター数のもとで，何らかの基準にもとづいた最適な分類が得られるわけではない．もう1つの特徴は，ブランドの個数が多くなった場合に，階層クラスター分析法に比べて計算時間の増加が少ないことである．階層クラスター分析法がブランドの組合せを扱うのに対して，非階層クラスター分析法はブランドの組合せを扱わないからである．他方，反復的非階層クラスター分析法は外れ値の影響を受けやすい（クラスターの重心の算出に過大に影響する）という問題がある．

6.5 クラスター分析法と多次元尺度構成法などの併用

同一のデータが，非空間的で離散的表現を用いるクラスター分析法と空間への連続的表現を用いる多次元尺度構成法など（因子分析法，主成分分析法，対応分析法）の両者で分析できることも多い．このような場合には，そのデータを両方の手法で分析することが望ましい（Arabie et al., 1987：p.54［岡太・今泉（訳），1990：p.76］；Arabie and Hubert, 1994；Kruskal, 1977；Murtagh, 1993）．両者を用いることで，データに潜んでいる情報の異なる側面が取り出せる（Holman, 1972；Kruskal, 1977；cf. Frank, 1996）．このとき，両者を並行して用いる，すなわち両者を同じ元のデータに適用するのが望ましい（Baker and Hubert, 1976；Chang, 1983；DeSarbo et al., 1990；Ling, 1971）．多次元尺度構成法などでデータを分析して得られた布置の座標や距離をクラスター分

するのは，両者を並行して用いておらず，不適切であることが多い（6.3.2項のbを参照）．

クラスター分析法と多次元尺度構成法などを併用する場合の問題点は，クラスター分析を適用するという立場から3種類，①視覚的（主観的）"クラスター分析"，②縮約データのクラスター分析，③完全データのクラスター分析，に分けられるが（Okada, 1996；岡太，2001, 2002），重要なことは，多次元尺度構成法によって分析した元のデータをクラスター分析するということである．

多次元尺度構成法などで分析した元のデータ（完全データ）をクラスター分析することを，完全データのクラスター分析という．両者を並行して用いることである．これにより，元のデータに潜んでいる情報を分析前に失うことなくクラスター分析することができる．

一方，多次元尺度構成法などで得られた布置での距離や座標をクラスター分析することを，縮約データのクラスター分析という．縮約データとは，布置に表現された範囲に情報が縮約されたデータという意味である．縮約データのクラスター分析では，完全データのもつ情報で布置に表現されない部分は，分析の対象にならない．計算量が減るため，縮約データのクラスター分析を推奨する立場もあるが（Everitt, 1979），コンピュータの計算能力が向上した今日では，必ずしも適切とはいえない（Chang, 1983；cf. Hope, 1982）．ただし，縮約データのクラスター分析は，縮約の程度によっては，完全データが含む誤差を取り除くことができる場合もある（Cappel and Guterbock, 1992）．視覚的（主観的）"クラスター分析"は，多次元尺度構成法などで得られた布置を目で見て互いに近くに位置するブランドを集団にまとめることである（Forsyth and Ponce, 2003：p.304［大北（訳），2007：pp.346-347]）．クラスター分析によって求めたのではない集団やまとまりをクラスターとよぶことには疑問がないわけではないが（Arabie et al., 1987：p.54［岡太・今泉（訳），1990：p.76]），布置やクラスターの意味の解釈が容易になり，その意味では有用である．

6.6 応用例－飲用経験によるビール類の分類－

本節では，3.4節で分析したビール類の飲用経験のデータ（表3.2）をクラ

```
              エビスビール ─────┐
           アサヒスーパードライ ──┤ ┐
            キリン一番搾り ─────┘ │
           キリンラガービール ────┤ ┐
             麒麟淡麗〈生〉 ─────┘ │ ┐
          サッポロ生ビール黒ラベル ──┐ │ │
       サントリー・ザ・プレミアム・モルツ ┘ ┘ │
           アサヒ本生ドラフト ──────┐ │
           キリンのどごし〈生〉 ───┐ │ │
            サントリー金麦 ─────┘ ┘ ┘
                        310 300 290 280 270 260 250 240
                                              類似度
```

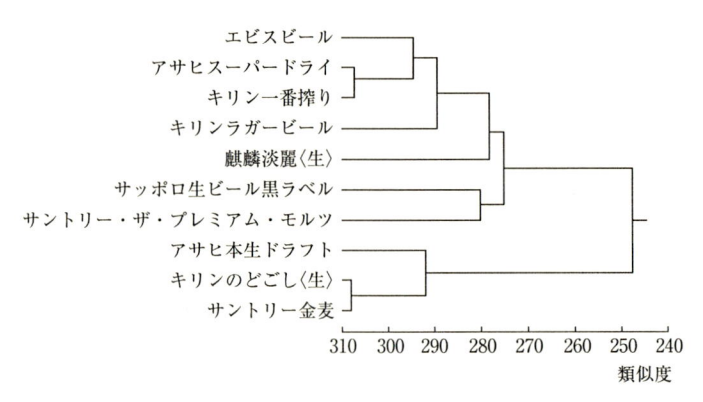

図 6.14　ビール類のブランドの樹状図 (最大法)

スター分析する．図 6.14 は，表 3.2 のビール類のブランド間類似度を最大法により分析して得られた樹状図である．

　図 6.14 の上から 2 番目と 3 番目のブランド (アサヒスーパードライとキリン一番搾り) からなるクラスターはビールから構成されており，下 2 つのブランド (キリンのどごし〈生〉とサントリー金麦) からなるクラスターは第 3 のビールから構成されている．最初のクラスターは，その後プレミアムビール (エビスビール)，ビール (キリンラガービール)，発泡酒 (麒麟淡麗〈生〉) とクラスターを構成し，さらに，その後ビール (サッポロ生ビール黒ラベル) とプレミアムビール (サントリー・ザ・プレミアム・モルツ) からなるクラスターとクラスターを構成する．第 3 のビールからなるクラスターは，その後発泡酒 (アサヒ本生ドラフト) とクラスターを構成する．

　ビール，および，第 3 のビールは，当初それぞれでクラスターを構成するが，プレミアムビールおよび発泡酒はそれぞれだけのクラスターを構成せず，プレミアムビールはビールと同じクラスターに含まれる．発泡酒の場合，麒麟淡麗〈生〉はビールと同じクラスターに含まれ，アサヒ本生ドラフトは第 3 のビールのクラスターに含まれる．麒麟淡麗〈生〉はビールおよびプレミアムビールと同じ消費者に飲用される傾向が，同じ発泡酒であるアサヒ本生ドラフトよりも大きいといえる．アサヒ本生ドラフトは第 3 のビールと同じ消費者に飲用される傾向が，麒麟淡麗〈生〉よりも大きい．プレミアムビールとビールは同じ消費者に飲用される傾向がある．

6.6 応用例－飲用経験によるビール類の分類－

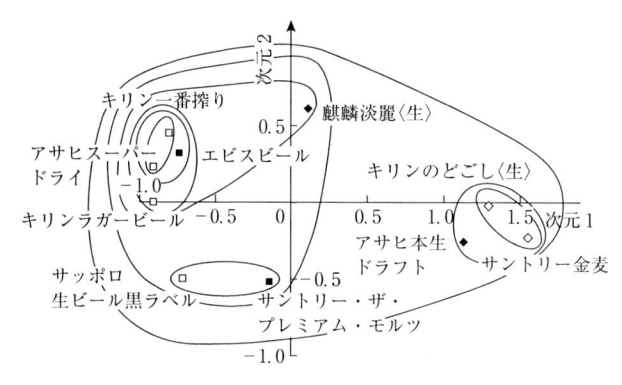

図 6.15 ビール類のブランドの布置に表した最大法の結果
多次元尺度構成法とクラスター分析を並行して用いる．□はビール，■はプレミアムビール，◆は発泡酒，◇は第3のビールを表現する．

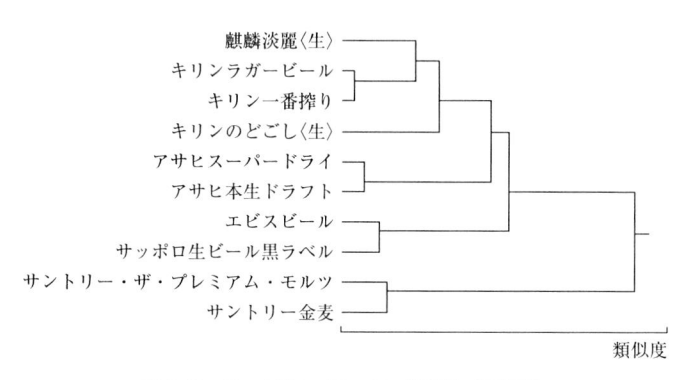

図 6.16 ビール類のブランドの樹状図（仮想例）

　第3のビール（2ブランド）とアサヒ本生ドラフトの3つのブランドからなるクラスターは，他のビール類と最終段階で1つのクラスターにまとまる．このときの類似度（247.5）はその1つ前の段階の類似度（274.9）と大きな差がある．これより，これら3つのブランドは，それ以外のビール類とは異なる消費者に飲用される傾向があることがわかる．これらは，クルスカルの多次元尺度構成法で得られたビール類のブランドの2次元布置（図3.10）にもみられる．図6.15は，最大法で分析した結果を図3.10の2次元布置に表現したものである．

表6.5 ビール類のブランドの特徴評価

	喉越し	香り	味	幸せ	ほっとした	爽快	自分らしさ	イメージアップ	センス	洗練
アサヒスーパードライ	4.08	3.47	3.72	3.53	3.42	3.90	3.19	3.06	3.16	3.13
キリンラガービール	3.72	3.70	3.73	3.53	3.54	3.58	3.18	3.08	3.16	3.13
キリン一番搾り	3.97	3.93	4.00	3.76	3.75	3.80	3.38	3.28	3.39	3.33
サッポロ生ビール黒ラベル	3.68	3.68	3.68	3.55	3.56	3.56	3.30	3.17	3.26	3.23
エビスビール	3.85	4.08	4.09	3.90	3.81	3.60	3.55	3.54	3.60	3.56
サントリー・ザ・プレミアム・モルツ	3.95	4.02	4.04	3.92	3.86	3.82	3.60	3.62	3.70	3.68
アサヒ本生ドラフト	3.52	3.26	3.30	3.31	3.32	3.45	3.04	3.00	2.98	2.98
麒麟淡麗〈生〉	3.72	3.29	3.39	3.32	3.35	3.53	2.99	2.90	2.98	2.96
キリンのどごし〈生〉	3.62	3.28	3.29	3.30	3.33	3.47	3.02	2.95	2.95	2.92
サントリー金麦	3.31	3.28	3.26	3.26	3.31	3.23	2.98	2.90	2.96	2.90

図6.16は，仮想的な樹状図である．上端の4つのブランドからなるクラスターはビール類の種類に関係なくキリン（麒麟）のブランドからなり，次の2つのブランドからなるクラスターはアサヒのブランドからなり，その下の2つのブランドからなるクラスターはサッポロのブランドからなり，下端の2つのブランドからなるクラスターはサントリーのブランドからなる．

図6.14では，製造会社（キリン（麒麟），アサヒ，サッポロ，サントリー）と関係なくビール類の種類（ビール，第3のビール）により，最初にクラスターが構成された．他方，図6.16の仮想例では，ビール類の種類と関係なく，製造会社により最初にクラスターが構成されている．図6.14は，消費者にとってビール類の種類が製造会社よりもブランドの選択（飲用経験）で重要であることを示し，図6.16は，消費者にとって製造会社がビール類の種類よりも重要であることを示す．クラスターが構成される順序により樹状図を解釈し，有用な情報が得られる場合がある（Arabie and Hubert, 1994；DeSarbo et al., 1993［岡太（訳），1997］；岡太，2001）．

表6.5は，同じ10ブランドのビール類について，その特徴を表す表2.1の10項目に関する評価を，5ブランドずつグループ1（537名）とグループ2（529名）の合計1,066人の消費者から得た評価（5段階尺度，5：そう思う，…，1：そう思わない）の平均（最初の6列は表2.2と同一）である．

このブランド×項目の2相2元データをウォード法で分析して得られた樹状図が図6.17である（項目ごとに分散を1に基準化した）．この樹状図では，プ

```
                    サントリー金麦
                アサヒ本生ドラフト
                キリンのどごし〈生〉
                    麒麟淡麗〈生〉
                キリンラガービール
              サッポロ生ビール黒ラベル
                アサヒスーパードライ
                  キリン一番搾り
                    エビスビール
        サントリー・ザ・プレミアム・モルツ
                              0  10  20  30  40  50  60  70  80  90 100 110
                                                                  偏差平方和
```

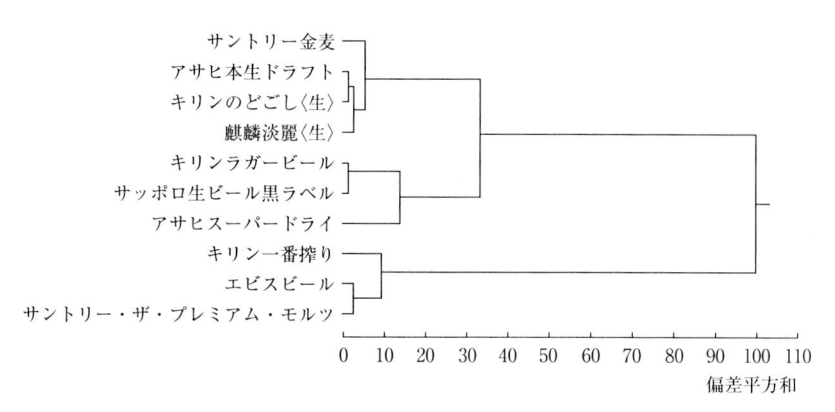

図6.17 ビール類のブランドの樹状図（ウォード法）

レミアムビールのクラスターが構成されている（最下端の2ブランド）．発泡酒と第3のビールの4つのブランドのクラスター（最上端の4ブランド），および，ビールのクラスター（キリンラガービール，サッポロ生ビール黒ラベル，アサヒスーパードライ）も構成されている．キリン一番搾り（ビール）は，プレミアムビールと同じクラスターを早い段階で構成し，特徴の評価においてはプレミアムビールに近いことがわかる．また，麒麟淡麗〈生〉は発泡酒であるアサヒ本生ドラフトおよび第3のビールと同じクラスターを構成し，飲用経験の共有と異なって，特徴の評価では同じ発泡酒であるアサヒ本生ドラフトや第3のビールと近いことがわかる．

　ビール，プレミアムビール，発泡酒および第3のビールという3つの区分は（発泡酒と第3のビールは区別されていない），飲用経験の共有よりも特徴の評価において明瞭に現れている．ビール（キリン一番搾りを除く）のクラスターは発泡酒と第3のビールのクラスターと1つのクラスターを構成する．その際の偏差平方和（33.1）は，最終的にプレミアムビール（とキリン一番搾り）のクラスターを含めた1つのクラスターにまとまるときの偏差平方和（100.0）と比べてはるかに小さく，プレミアムビール（とキリン一番搾り）が他のビール類と大きく異なる特徴の評価を受けていることがわかる．

7

ブランドの特性の重なりを明らかにする
―重複クラスター分析法 ADCLUS―

7.1 目　　　的

　6章で述べたクラスター分析法には，階層・非階層の別を問わず，1つのブランドは必ず1つだけのクラスターに所属する（1つのブランドが1つのクラスターを構成する場合を含む）という制約がある．重複クラスター分析法（overlapping cluster analysis）にはこの制約がなく，1つのブランドが2つ以上のクラスターに所属すること，あるいは，どのクラスターにも所属しないことも可能である．その基礎には，2つのブランドの間の類似度が，共有する特性の数とその重要性で決まるという考え方がある（Tversky, 1977）.

　4つの飲料
　・ブランドA：瓶入りノンダイエットコーラ飲料
　・ブランドB：缶入りノンダイエットコーラ飲料
　・ブランドC：缶入りダイエットレモン味飲料
　・ブランドD：缶入りダイエットコーラ飲料

を考える．ブランドAとBは「ノンダイエット」と「コーラ飲料」という特性が共通しており，ブランドAとCには共通な特性はない．この場合，ブランドAとBの間の類似度の方がブランドAとCの間の類似度よりも大きいと考える．重複クラスター分析法は（Arabie and Carroll, 1980；Arabie et al., 1987［岡太・今泉（訳），1990］；Arabie et al., 1981；Arabie and Hubert, 1994；Carroll and Arabie, 1983；Corter and Tversky, 1986；DeSarbo et al., 1991；木村・岡太, 2002；Shepard and Arabie, 1979），ブランドに共通な特

```
         ┌─────────┐
         │ ブランドA │
         │ ブランドB │     クラスター1：コーラ飲料
       ┌─┤─────────│
       │ │ ブランドD │
       │ │         │     クラスター2：ダイエット飲料
       │ │ ブランドC │
       └─┴─────────┘
```

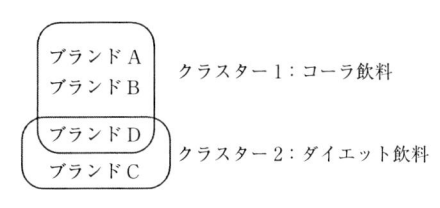

図 7.1　2 つのクラスター

表 7.1　2 つのクラスターへの 4 つのブランドの所属

	クラスター1 （コーラ飲料）	クラスター2 （ダイエット飲料）
ブランドA	1	0
ブランドB	1	0
ブランドC	0	1
ブランドD	1	1

性に注目し，その特性をもつブランドを 1 つのクラスターとしてまとめる．重複クラスター分析法は，あらかじめ決めた個数のクラスターを構成する非階層クラスター分析法である．

コーラ飲料という特性およびダイエット飲料という 2 つの特性に注目し，これらに基づく 2 つのクラスター

・クラスター 1：コーラ飲料（ブランド A, B, D）

・クラスター 2：ダイエット飲料（ブランド C, D）

を考える（図 7.1 を参照）．ブランド D はクラスター 1 と 2 に含まれる．表 7.1 は，これら 2 つのクラスターへの 4 つのブランドの所属を示す．各要素は，行に対応するブランドが列に対応するクラスターに所属する場合は 1 であり，所属しない場合は 0 である．ブランド D はクラスター 1 と 2 に所属し，2 つの要素とも 1 である．

7.2　データ

本章では，表 3.1 のような単相 2 元対称類似度を分析するための重複クラ

スター分析法を述べる．単相2元対称類似度を分析する実用的な重複クラスター分析法としては，ADCLUS モデル（**AD**ditive **CLUS**tering，読み方は「アドクラス」，Shepard and Arabie, 1979）を MAPCLUS（**MA**thematical **P**rogramming **CLUS**tering, 読み方は「マップクラス」）アルゴリズム（Arabie and Carroll, 1980）により類似度に適合させる方法が，代表的である（Arabie *et al.*, 1987[岡太・今泉（訳）, 1990]）．単相2元対称類似度を分析するクラスター分析法である ADCLUS を発展させ, 非対称類似度を分析できる重複クラスター分析法も開発されている（DeSarbo, 1982）．

7.3 方 法

7.3.1 モ デ ル

ブランド j と k の間の類似度の観測値を s_{jk} とする．ADCLUS モデルは

$$s_{jk} \cong \sum_{t=1}^{R} w_t p_{jt} p_{kt} + c \tag{7.1}$$

と表される．ただし，R はクラスター数であり，w_t はクラスター t の重みあるいは重要性（$w_t \geq 0$）である．p_{jt} はブランド j のクラスター t への所属を表し

$$p_{jt} = \begin{cases} 1 \text{（ブランド} j \text{がクラスター} t \text{に所属する場合）} \\ 0 \text{（ブランド} j \text{がクラスター} t \text{に所属しない場合）} \end{cases} \tag{7.2}$$

である．同様に p_{kt} はブランド k がクラスター t へ所属しているかどうかを表す．c は，すべての類似度に対して一律に加えられる（c は負でもよい），加算定数（additive constant）(Borg and Groenen, 2005：p. 69, p. 416；岡太・今泉, 1994：p. 58；Torgerson, 1952 [吉田（訳），1968：pp. 143-158]）である．加算定数 c は，M 個すべてのブランドが所属する $R+1$ 番目のクラスター（全体クラスターともいう）の重みとみなすこともできる．

式(7.1)は，ブランド j と k の間の類似度 s_{jk} を，ブランド j と k の双方が所属するクラスターの重みの和と加算定数によって近似することを表す．重み w_t が負であれば，2つのブランドが同時にクラスター t に所属することが類似度を減らすことになり，クラスター t の表す特性を共有すると類似度が減少するという不合理なことになる．

7.3.2 アルゴリズム

ADCLUSモデルを類似度に適用するアルゴリズムであるMAPCLUS (Arabie and Carroll, 1980) の考え方を簡単に述べる．与えられたクラスター数のもとで，式(7.1) の右辺のクラスターの重み w_t，クラスターへの所属を表す p_{jt}，および，加算定数 c を求め，類似度である左辺の s_{jk} を近似する．

クルスカルの多次元尺度構成法と同様，w_t と p_{jt} の初期値を求め，モデルの類似度への適合度を最大化するように，それらを反復的に改善する．式(7.1)は，右辺の $(p_{j1}, p_{j2}, \cdots, p_{jR})$ と $(p_{k1}, p_{k2}, \cdots, p_{kR})$ の対応する項の積を w_t で重みづけた項の和 $\sum_{t=1}^{R} w_t p_{jt} p_{kt}$ に加算定数 c を加え，左辺 s_{jk} を近似しており，p_{jt} が2値という制約を除けば因子分析法と同様である（式(2.3) を参照）．

ここで $\hat{s}_{jk}$ を

$$\hat{s}_{jk} = \sum_{t=1}^{R} w_t p_{jt} p_{kt} + c \tag{7.3}$$

とする．$\hat{s}_{jk}$ の s_{jk} に対する適合度を表す VAF

$$VAF = 1 - \frac{\sum_{\substack{j=1 \\ j<k}}^{M-1} \sum_{k=2}^{M} (s_{jk} - \hat{s}_{jk})^2}{\sum_{\substack{j=1 \\ j<k}}^{M-1} \sum_{k=2}^{M} (s_{jk} - \bar{s})^2} \tag{7.4}$$

を最大化する $\hat{s}_{jk}$ を求める．ただし，

$$\bar{s} = \frac{\sum_{\substack{j=1 \\ j<k}}^{M-1} \sum_{k=2}^{M} s_{jk}}{M(M-1)/2}$$

である．すなわち，$p_{jt}=1$ または0という条件の下で，VAF を最大化する $p_{jt}(j=1, 2, \cdots, M; t=1, 2, \cdots, R)$，$w_t (t=1, 2, \cdots, R)$ および c を求めることが目的である．$p_{jt}=1$ または0を可能な限り満足させるという条件は，下記の u_t

$$u_t = \sum_{\substack{j=1 \\ j<k}}^{M-1} \sum_{k=2}^{M} [(p_{jt} p_{kt} - 1) p_{jt} p_{kt}]^2 \tag{7.5}$$

を最小化することである．$u_t(t=1, 2, \cdots, R)$ の最小化を図りつつ VAF を最大化するアルゴリズムは，クラスター t への所属を表す p_{jt} およびクラスター t の重み w_t を，クラスターごとに順次（クラスター1, 2, $\cdots$, R）最小2乗法により求める．

ここで，t を除く残りの $R-1$ 個のクラスターについての残差 $\delta_{(t)jk}$ を

$$\delta_{(t)jk} = s_{jk} - \sum_{\substack{r=1 \\ r \neq t}}^{R} w_r p_{jr} p_{kr} - c \tag{7.6}$$

と表す．これより

$$E_{(t)}^2 = \sum_{\substack{j=1 \\ j<k}}^{M-1} \sum_{k=2}^{M} (\delta_{(t)jk} - w_t p_{jt} p_{kt})^2 \tag{7.7}$$

で表される $E_{(t)}^2$ は，クラスター t についての不適合度である．式(7.7) の $E_{(t)}^2$ と u_t を R 個のクラスターについて順次最小化するように，p_{jt} ($j=1, 2, \cdots, M$)，w_t および c を反復的に求める．

7.3.3 分析の進め方

最初に，想定する最大クラスター数と分析の最小クラスター数（通常は1）を決める．クラスター数 R を固定しないと分析できないからである．これは通常未知である．想定する最大クラスター数にはブランドの個数 M の1/2を目安に用いる (Arabie et al., 1987 : p.61 [岡太・今泉（訳），1990 : p.85]）．分析の最大クラスター数を $M/2+2, M/2+1, M/2, M/2-1, M/2-2$ の5種類程度とり，分析する最大クラスター数から分析して結果を求め，順次，クラスター数を1ずつ減らして分析の最小クラスター数まで結果を求める（ブランドの個数 M が奇数の場合には，$M+1$ あるいは $M-1$ を M の代わりに用いて，同様に分析する）．各クラスター数について VAF が最大である結果を選び，選んだ結果を比較して解（クラスター数）を決定する．クルスカルの多次元尺度構成法の場合と同様に，決定したクラスター数のもとで乱数に基づく初期値を用いて分析し，すでに得られた VAF よりも大きい値をもつ結果が得られないかどうかを確認することもできる（3.3.4項を参照）．

a. クラスター数の決定

クラスター数の決定における主要な基準は，① クラスターの意味の解釈，② VAF の変化，③ VAF の大きさ，④ クラスター数 (3.3.4項のa, c, dおよび6.3.4項を参照) である．ここで，① は構成されるクラスターの意味が解釈しやすいかということである．② はクラスター数が増加したときの VAF の増加，すなわち，それ以上クラスター数を増やしても VAF の増加が顕著でな

いクラスター数の結果を解にするということである．③は VAF の値そのものである．ブランドの個数 M にもよるが，およそ 0.5 から 0.8 程度以上であれば，解とすることができる．④はクラスター数が多すぎたり少なすぎたりしないということである．

b. 負の重み

各クラスターの重み w_t は非負（$w_t \geq 0$）でなければならない（7.3.1 項を参照）．負の重みは絶対値が小さければ 0 とみなし，その結果を解と考えることができる．INDSCAL（3.3.6 項 d を参照）にならって，-0.04 程度までであれば 0 とみなす（Arabie et al., 1987：p.18［岡太・今泉（訳），1990：p.30］）．

c. 多次元尺度構成法などの併用

重複クラスター分析法と多次元尺度構成法など，両者で分析可能なデータ形式であれば併用することが望ましい（木村・岡太，2002）．この場合，元のデータである完全データを重複クラスター分析することが重要である（6.5 節を参照）．

7.4 さまざまなデータの分析

重複クラスター分析法には，以下に述べるように単相 2 元対称類似度以外のデータを分析する方法も開発されている．

7.4.1 非類似度

データとして非類似度が与えられている場合には，たとえば，非類似度の最大値から各々の非類似度を引き，類似度に変換する（式(6.3)を参照）．これにより得られた類似度を分析する．

7.4.2 2 相 3 元類似度の分析

単相 2 元類似度が複数組ある場合には，たとえば，N 地域のブランドスイッチ行列が地域ごとに合計 N 個られているとすれば，N 個のブランドスイッチ行列は 2 相 3 元類似度である（3.3.6 項の d を参照）．この場合，N 個ある単相 2 元類似度の変動を誤差とみなさないならば，2 相 3 元類似度として分

析する.INDCLUS (**IN**divisual **D**ifferences **CLUS**tering, 読み方は「インドクラス」, Arabie et al., 1987 [岡太・今泉(訳), 1990];Carroll and Arabie, 1983) は, 2相3元対称類似度を分析するための重複クラスター分析法である.

ブランド j と k の間の地域 i の類似度の観測値を s_{jki} とする.INDCLUS モデルは

$$s_{jki} \cong \sum_{t=1}^{R} w_{it} p_{jt} p_{kt} + c_i \qquad (7.8)$$

と表される.ただし,R はクラスター数であり,w_{it} は地域 i のクラスター t の重み($w_{it} \geq 0$)である.p_{jt} は ADCLUS 同様ブランド j のクラスター t への所属を表し,$p_{jt} = 1$ または 0 である.c_i は地域 i の加算定数である.p_{jt}, w_{it} および c_i は,ADCLUS で用いられるアルゴリズム(MAPCLUS)と同様なアルゴリズムで求める(Arabie et al., 1987:pp.57-61 [岡太・今泉(訳), 1990:p.80-85];Carroll and Arabie, 1983).

7.4.3 単相3元類似度の分析

単相3元類似度データを分析するための重複クラスター分析法も開発されている(Yokoyama et al., 2009).たとえば,3つのブランドが同時に購入される頻度からなるブランド×ブランド×ブランドの同時購入頻度を分析することにより,3つのブランド間の関係が解明できる.これにより,2つのブランド間の関係を分析したのでは取り出せないような,3つのブランド間の類似度関係に基づく構造が把握できる(Cox et al., 2001;Gower and De Rooij, 2003;Heiser and Bennani, 1997;Joly and Le Calvé, 1995;Nakayama, 2005;Warrens, 2008).

ブランド j, k, l という3つのブランド間の類似度の観測値を s_{jkl} とする.単相3元重複クラスター分析法のモデルは

$$s_{ijk} \cong \sum_{t=1}^{R} w_t p_{jt} p_{kt} p_{lt} + c \qquad (7.9)$$

と表される.ただし,R はクラスター数であり,w_t はクラスター t の重み($w_t \geq 0$)である.p_{jt} は ADCLUS 同様ブランド j のクラスター t への所属を表し,$p_{jt} = 1$ または 0 である.c は加算定数である.式(7.9)は,3つのブランド j, k, l 間の類似度 s_{jkl} を3つが同時に所属しているクラスターの重みの和と加算定数に

よって近似することを表す．

7.4.4 その他の形式の類似度の分析

ADCLUS や INDCLUS と同様な重複クラスター分析モデルを 2 相 2 元類似度や非対称類似度など，より多様なデータに適用する方法も開発されている（Baier *et al.*, 1997；DeSarbo, 1982；Wiedenbeck and Krolak-Schwerdt, 2009）．

7.5 応用例－ビール類の飲用経験の重なり－

本節では 3.4 節で分析したビール類の飲用経験のデータ（表 3.2）を ADCLUS により分析する．ブランドは 10 個であり，想定する最大クラスター数 10/2=5 を中心に分析の最大クラスター数を 7, 6, 5, 4, 3 とし，分析の最小クラスター数を 1 とする分析を行った．クラスター数が 1 から 5 までの各クラスター数での VAF の最大値は，0.350, 0.710, 0.769, 0.858, 0.877 であり，VAF の変化とクラスターの意味の解釈から 3 クラスターの結果を解とする．

表 7.2 は，表 3.2 のビール類のブランド間類似度を ADCLUS により分析して得られた結果である．クラスター 1 は，サントリー・ザ・プレミアム・モルツ（プレミアムビール），アサヒ本生ドラフト（発泡酒）および第 3 のビール（キリンのどごし〈生〉とサントリー金麦）を除く 6 ブランドからなる．クラスター 2 はビール 3 ブランド（サッポロ生ビール黒ラベル以外の 3 ブランド）とプレミアムビール（エビスビールとサントリー・ザ・プレミアム・モルツ）からなる．クラスター 2 を構成する 5 つのブランドのうち（サントリー・ザ・プレミアム・モルツを除く）4 つは，すべてクラスター 1 に含まれており，特に互いの飲用経験が多く共有されているブランドであると考えられる．クラスター 3 は第 3 のビール（キリンのどごし〈生〉，サントリー金麦）とアサヒ本生ドラフトからなる．これら 3 つのブランドは他のクラスターとの重なりがなく，他のビール類との飲用経験の共有が少ないことを示す．

以上述べたことは，3.4 節と 6.6 節で述べた解釈と符合する．クラスター 3 の重み（2.385）は他のクラスターよりも大きく，これを構成する 3 ブランド（ア

表 7.2 ADCLUS の結果

ブランド	クラスター			全体クラスター
	1	2	3	
	重み			
	1.127	1.038	2.385	−0.765
1 アサヒスーパードライ	1	1	0	1
2 キリンラガービール	1	1	0	1
3 キリン一番搾り	1	1	0	1
4 サッポロ生ビール黒ラベル	1	0	0	1
5 エビスビール	1	1	0	1
6 サントリー・ザ・プレミアム・モルツ	0	1	0	1
7 アサヒ本生ドラフト	0	0	1	1
8 麒麟淡麗〈生〉	1	0	0	1
9 キリンのどごし〈生〉	0	0	1	1
10 サントリー金麦	0	0	1	1

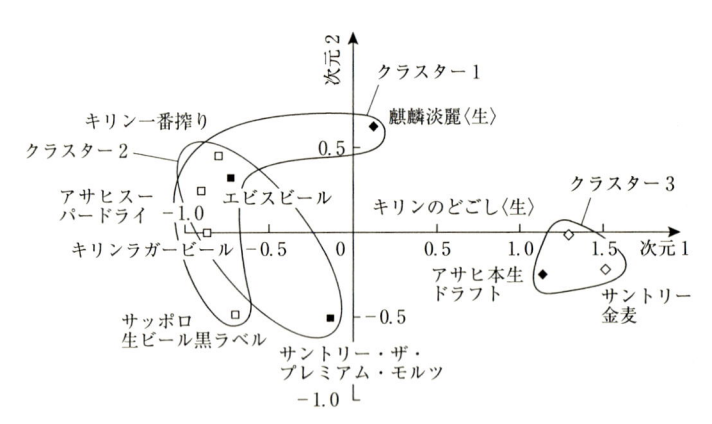

図 7.2 ビール類のブランドの布置に表した重複クラスター分析の結果
多次元尺度構成法と重複クラスター分析法を並行して用いる．□はビール，■はプレミアムビール，◇は発泡酒，◆は第3のビールを表現する．

サヒ本生ドラフト，キリンのどごし〈生〉，サントリー金麦）は互いに飲用経験の共有が多いことを示す．図 7.2 はクルスカルの多次元尺度構成法で求めた布置（図 3.10）に表 7.2 の3つのクラスターを表現したものである．

8

消費者セグメントの特徴を把握する
－潜在クラス分析法－

8.1 目　　　　　的

　潜在クラス分析法（latent class analysis）は，母集団が異質な複数の集団の混合によって構成されていることを想定したうえで，観測されたデータを用いて分析対象を複数の潜在クラス（グループ）に分割し，各クラスの特徴を把握するという手法である．マーケティング領域で潜在クラス分析法を活用することの主要な利点の1つは，消費者セグメントの抽出と各セグメントの特徴把握ができることにある．

　マーケティングでよく利用されるセグメンテーションの方法は，消費者の性別や年齢などのデモグラフィック属性によるものである．多くの企業が，自社顧客のデモグラフィック属性を調査などによって取得し，デモグラフィック属性をキーとしたセグメント別の購買行動の特徴を把握している．顧客から直接聞くことができない場合にも，デモグラフィック属性を利用することができる．たとえば，コンビニエンス・ストアでは，店員が見た目で顧客の属性を判断し，レジのキーを利用して精算時にインプットしている．この方法によって，POSデータから，どのような属性の顧客は何を買っているのかを捕捉することができる．

　これに対し，デモグラフィックスのような属性ではなく，購入の結果から消費者のグループ化を行う方法も考えられる．たとえば，6章や7章で説明したクラスター分析を利用して，購入する商品が類似しているいくつかのグループに消費者を分類することは一般的に行われている方法である．潜在クラス分析

法を利用して，購入の結果から消費者をグループ化することもできる．この点はクラスター分析と同様である．ただし潜在クラス分析は，消費者の購入状況を確率モデルとして表現する点がクラスター分析法とは異なる．この特徴が，他の分析モデルと組み合わせて拡張しやすいこと，分析対象となる各顧客の各クラスへの振り分けをクラスへの所属確率として把握できること，などの潜在クラス分析法の利点につながっている（守口，2007）．

8.2 データ

潜在クラス分析法はさまざまなデータに適用可能である．ここでは，複数商品カテゴリーに関する消費者の購買データを利用して，潜在クラスの特徴を明らかにしようとする場合を想定する．このような分析を行う際には，何らかの方法で取得した購買データが必要となる．購買データは，1章で説明したID付きPOSデータ（1.2.4項を参照）のように実際の購買行動を捕捉したものでもよいし，アンケート調査から得られたものでもよい．

潜在クラス分析で用いる購買データの典型的な形式は，表8.1のような人×商品カテゴリーの2相2元データである．表8.1のデータの各要素は，一般にg個のカテゴリーをもつ多値変数となる．$g=2$である2値変数を利用することも可能である．x_{ij}が2値変数である場合には，消費者iが商品カテゴリーjを購入した場合に1，購入がない場合に0をとる．これに対し，x_{ij}が多値変数の場合には，消費者iの商品カテゴリーjにおける購入商品の番号を示すことに

表8.1 潜在クラス分析で用いる典型的なデータ形式

		商品カテゴリー				
		1	2	⋯	j	⋯	M
消費者	1	x_{11}	x_{12}	⋯	x_{1j}	⋯	x_{1M}
	2	x_{21}	x_{22}	⋯	x_{2j}	⋯	x_{2M}
	⋮	⋮	⋮		⋮		⋮
	i	x_{i1}	x_{i2}	⋯	x_{ij}	⋯	x_{iM}
	⋮	⋮	⋮		⋮		⋮
	N	x_{N1}	x_{N2}	⋯	x_{Nj}	⋯	x_{NM}

なる．たとえば，消費者 i が商品カテゴリー j の3番目の商品を購入した場合には，$x_{ij}=3$ となる．消費者 i がカテゴリー j に属するどの商品も購入していない場合には，x_{ij} が欠測値となる．

8.3 方　　　　　法

8.3.1 モデル

ここでは，表8.1の各要素 x_{ij} が2値変数であることを想定して説明を行う．多値変数の場合にも，基本的には同様の考え方で説明できる．まず，C_i を消費者 $i(i=1,2,\cdots,N)$ が属するクラスとし，$C_i=s$ のとき消費者 i がクラス $s(s=1,2,\cdots,W)$ に属すると考える．さらに，X_{ij} を消費者 i の商品カテゴリー $j(j=1,2,\cdots,M)$ に関する購買の有無を表す変数だと考える．ここで，クラス s に属する消費者 i がカテゴリー j を購入する確率を $p_{i|s}(j)$ とすると，

$$\Pr(X_{ij}=x_{ij}|C_i=s) = P_{i|s}(j)^{x_{ij}}(1-P_{i|s}(j))^{1-x_{ij}} \tag{8.1}$$

のように，購入および非購入の確率を表現できる．ここで x_{ij} は，消費者 i が商品カテゴリー j を購入した場合に1，購入しない場合に0をとる2値変数である．さらに各クラス内ではそれぞれの商品カテゴリーの購入は独立だと仮定すると，クラス s に属する消費者 i が特定の商品購入パターンを有する確率を

$$\Pr(X_{i1}=x_{i1},\cdots,X_{iM}=x_{iM}|C=s) = \prod_{j=1}^{M} P_{i|s}(j)^{x_{ij}}(1-P_{i|s}(j))^{1-x_{ij}} \tag{8.2}$$

のように表すことができる．上述した，クラス内では観測された変数が互いに独立であるという仮定は，局所独立の仮定と呼ばれる．この仮定によって，式 (8.2) のような定式化が可能となる．ここで，各クラスの相対規模（クラスサイズ）を π_s とし，$\sum_{s=1}^{W}\pi_s=1$ とすると，所属クラスが未知である任意の消費者の商品購入パターンの確率を

$$\Pr(X_{i1}=x_{i1},\cdots,X_{iM}=x_{iM}) = \sum_{s=1}^{W} \pi_s \prod_{j=1}^{M} P_{i|s}(j)^{x_{ij}}(1-P_{i|s}(j))^{1-x_{ij}} \tag{8.3}$$

のように定式化できる．$P_{i|s}(j)$ および π_s は推定すべきパラメータである．このように，潜在クラス分析を利用して消費者行動をモデル化する場合には，母集団が複数の異質な消費者クラスの混合からなると考え，局所独立の仮定を利

用し,購買行動を確率モデルとして表現することになる.

8.3.2 推定方法

潜在クラス分析におけるパラメータの推定には,EMアルゴリズムによる最尤推定がよく利用される.EMアルゴリズムはもともと不完全データに基づく対数尤度に対して用いられた最尤推定のための方法であるが,データの不完全性を広く解釈することによって潜在変数モデル一般に対しても有効に適用できる(渡辺,2001:p.81).

式(8.3)の潜在クラスモデルにおいて,もしそれぞれの消費者がどのセグメントに所属するのかがわかっていれば,パラメータは容易に計算できる.ここで,消費者iがセグメントsに所属するときに$y_{is}=1$,所属しないときには$y_{is}=0$となる2値変数y_{is}を導入する.EMアルゴリズムでは,まずy_{is}を欠測値として扱い,観測されたデータとその時点でのパラメータ推定値からy_{is}の期待値を計算する.さらに,得られたy_{is}に基づいてパラメータの推定を行い,推定されたパラメータの値からy_{is}の期待値を再計算する,というような反復操作を尤度の向上がみられなくなるまで繰り返す.このように,EMアルゴリズムは,欠測値として扱う変数の期待値を求めるE-Step(Expectation Step)と,その期待値を利用してパラメータの推定を行うM-Step(Maximization Step)の2つのプロセスの繰り返しによって最尤推定を行うため,この名前がつけられている.以下で,式(8.3)の潜在クラスモデルのEMアルゴリズムの推定方法について説明する.アルゴリズムの詳細についてはDempster *et al.*, 1976;McLachlan and Krishnan, 1997;渡辺・山口, 2000;阿部・近藤, 2005:pp. 148-153を参照のこと.

まず,消費者の所属クラスがわかっており,すべての消費者に関するy_{is}の値が既知であることを仮定すると,尤度Lと対数尤度$\log L$は

$$L = \prod_{i=1}^{N} \prod_{s=1}^{W} \left[\pi_s \prod_{j=1}^{M} p_{i|s}(j)^{x_{ij}} (1-p_{i|s}(j))^{1-x_{ij}} \right]^{y_{is}} \tag{8.4}$$

$$\log L = \sum_{i=1}^{N} \sum_{s=1}^{W} \left[y_{is} x_{ij} \log p_{i|s}(j) + y_{is}(1-x_{ij}) \log(1-p_{i|s}(j)) \right] + \sum_{i=1}^{N} \sum_{s=1}^{W} y_{is} \log \pi_s \tag{8.5}$$

となる.Eステップでは,式(8.2)のy_{is}を欠測値とみなし,その期待値y_{is}^*を

$$y_{is}^* = \frac{\pi_s \prod_{j=1}^{M} p_{i|s}(j)^{x_{ij}}(1-p_{i|s}(j))^{1-x_{is}}}{\sum_{s=1}^{W} \pi_s \prod_{j=1}^{M} p_{i|s}(j)^{x_{ij}}(1-p_{i|s}(j))^{1-x_{ij}}} \tag{8.6}$$

のように,ベイズの定理を利用して求める.Mステップでは,式(8.6)で得られた y_{is}^* を式(8.5)に代入し,パラメータ π_s と $p_{i|s}(j)$ を推定する.式(8.5)のように π_s は右辺第2項のみに, $p_{i|s}(j)$ は第1項のみに現れるので,それぞれ個別に推定することが可能であり

$$\hat{\pi}_s = \frac{\sum_{i=1}^{N} y_{is}^*}{N} \tag{8.7}$$

$$\hat{p}_{i|s}(j) = \frac{\sum_{i=1}^{N} y_{is}^* x_{ij}}{N} \tag{8.8}$$

で求めることができる.さらに,式(8.4)および式(8.5)から得られた $\hat{\pi}_s$ と $\hat{p}_{i|s}(j)$ の値を式(8.3)に代入し y_{is}^* の値を更新する.このように,適当な初期値から始まる E-step と M-step の反復によって式(8.2)の対数尤度の最大化を図り,目的であるパラメータの最尤推定値を得ることができる.

8.3.3 分析の進め方

a. モデル化と推定

分析に際しては,まず,8.3.1項で説明した方法によってモデル化と推定を行う.潜在クラス分析においては,採用すべきクラス数が分析結果から直接得られるわけではない.そこで分析に際しては,あらかじめ任意のクラス数を設定して推定を行う.異なるクラス数を設定した推定結果を比較することによって,採用するクラス数を決定する.その方法については後述する.

b. 適合度

商品カテゴリー数が M のときの可能な購入パターンの種類は, 2^M だけ存在する.ここで,特定の購入パターンを $k(k=1, 2, \cdots, R : R=2^M)$ とし, z_{kj} を購入パターン k における商品カテゴリー j の購入の有無を表す2値変数とすると,購入パターン k の期待度数 m_k^* を,

$$m_k^* = N \sum_{s=1}^{W} \pi_s \prod_{j=1}^{M} p_{i|s}(j)^{z_{kj}} (1-p_{i|s}(j))^{1-z_{kj}} \tag{8.9}$$

で算出することができる．ここで，購買パターン k の実際の観測度数 m_k と期待度数 m_k^* を利用すると，ピアソンのカイ二乗（χ^2）統計量を

$$\chi^2 = \sum_{k=1}^{R} \frac{(m_k - m_k^*)^2}{m_k^*} \tag{8.10}$$

で算出できる．この検定統計量は，漸近的に自由度 t の χ^2 分布に従う．ここで，$t = R - 1 - P$ であり，P は独立なパラメータの数である．χ^2 によって，得られたデータとモデルとの適合度を検定することができるが，この場合，サンプルサイズが大きい場合には，データとモデルとの間の非常に小さな差をも有意差として検出してしまい，モデルを採択することが困難になるという欠点がある．このため，回帰分析法における R^2 のように，サンプルサイズに依存しない適合度指標として

$$R^2(W) = \frac{\chi^2(I) - \chi^2(W)}{\chi^2(I)} \tag{8.11}$$

が提唱されている（Goodman, 1971, 1972）．ここで $\chi^2(W)$ は，クラス数 W のモデルから計算された χ^2 値であり，$\chi^2(I)$ はクラス数を 1 としたモデルによる χ^2 値である．$R^2(W)$ は回帰分析の R^2 と同様に 0〜1 の値をとり，1 に近いほどモデルとデータとの適合度が高いことを意味している．ただし，この指標は回帰分析の R^2 と同様に，パラメータ数が増えると自動的に値が増加してしまうため，パラメータ数を考慮した自由度調整済みの指標である

$$\text{調整済み } R^2(W) = \frac{\chi^2(I)/d.f.(I) - \chi^2(W)/d.f.(W)}{\chi^2(I)/d.f.(I)} \tag{8.12}$$

が提唱されている（Bonnett and Bentler, 1983）．ここで，$d.f.(W)$ は，クラス数 W のモデルの自由度，$d.f.(I)$ はクラス数を 1 としたモデルの自由度である．

c. クラス数の決定

潜在クラス分析におけるクラス数の決定は，パラメータの推定とは別に行う必要がある．通常は，いくつかの異なるクラス数のモデルについて推定を行い，式 (8.12) で示した調整済み $R^2(W)$ や，AIC (**Akaike's Information Criterion**), BIC (**Bayesian Information Criterion**), CAIC (**Consistent**

Akaike's Information Criterion）などの情報量基準を利用してデータへの適合度を確認したうえでクラス数を決定する．AIC, BIC, CAIC はそれぞれ

$$AIC = 2\log L + 2P$$
$$BIC = -2\log L + \log N \times P$$
$$CAIC = -2\log L + \log(N+1) \times P$$

で表される．ここで，N はデータ数，P はモデルに含まれるパラメータ数である．クラス数の決定に際してこれらの指標を利用する場合には，異なるクラス数のモデル間で指標の値を比較し，値が小さくなるクラス数のモデルを採用する．なお，3つの指標間でパラメータ数によるペナルティの大きさを比較すると，CAIC のそれが最も大きく，以下 BIC, AIC の順になっている．したがって，CAIC を利用するとパラメータ数が少ないモデルを選択する傾向があり，AIC はその逆となる．

d. 分析結果の解釈

上述した方法でクラス数が決定され，推定結果が得られると，得られたパラメータによって分析結果の解釈を行う．上述したように，式(8.3) の π_s はクラス s の相対規模を表し，$p_{i|s}(j)$ はクラス s に属する消費者 i のカテゴリー j の購入確率を表す．したがって，π_s によって各クラスの規模を把握し，$p_{n|s}(j)$ の値によってそれぞれのクラスの特徴を捕捉することになる．

潜在クラス分析では，各顧客がどのクラスに所属するかは確率的に判断する．特定の購入パターンを有する顧客の各クラスへの所属確率は，式(8.6) を利用して計算する．

8.4 潜在クラス分析法の拡張

先述したように，潜在クラス分析を利用することによって，消費者行動を確率モデルとして表現したうえで,潜在的なクラスを抽出することが可能となる．このため，潜在クラス分析は，他のさまざまな分析手法やモデルと組み合わせることが容易であり，その方向でさまざまな拡張が行われている．マーケティングの領域における潜在クラス分析法の拡張の主要な方向の1つは，ブランド選択モデルへの拡張である．10章で説明するように，ブランド選択モデルの

代表的なものの1つが多項ロジットモデルであるが，このモデルをベースとして，潜在クラス分析の枠組みでブランド選択行動をモデル化した最初の試みが，Kamakura and Russell(1989)である．彼らはまず，第10章で説明する式(10.4)の多項ロジットモデルを利用して，潜在クラスsに属する消費者iのブランドjのt回目の購買機会における選択確率を

$$P_{i|s,t}(j) = \frac{\exp(V_{i|s,t}(j))}{\sum_{j=1}^{J} \exp(V_{i|s,t}(j))} \tag{8.13}$$

のように定式化した（多項ロジットモデルの定式化の詳細は，10.2節を参照）．ここで，$V_{i|s,t}(j)$はクラスsに属する消費者iのt回目の購買機会におけるブランドjに対する確定的効用である．さらに，クラスsの相対規模をπ_sとすると，所属クラスが未知である任意の消費者の購買機会tにおけるブランドjの選択確率を

$$P_{it}(j) = \sum_{s=1}^{W} \pi_s P_{i|s,t}(j) \tag{8.14}$$

のように表すことができる．ここで，$\sum_{s=1}^{W} \pi_s = 1$である．

式(8.3)のモデルでは，消費者の購買結果によって潜在クラスを抽出した．この方法を利用する場合には，「どの商品を買っているのか」という購買結果の特徴によって，消費者がクラス分けされることになる．消費者の購買データに潜在クラス分析を適用する場合には，この視点による方法が一般的だと考えられる．これに対し，Kamakura and Russell (1989)の方法では，購買結果そのものではなく，結果に影響する消費者のブランド選好度やマーケティング活動への反応度の相違を基準として潜在クラスを抽出することができる．この方法をセグメンテーションに活用すれば，セグメントごとのマーケティング計画を立案するうえでの，より具体的な示唆を得ることが可能だろう．

Kamakura and Russell 以来，潜在クラスを考慮したブランド選択モデルに関する研究が数多く行われてきた（Bell and Lattin, 2000；Bucklin and Gupta, 1992；Bucklin *et al.*, 1998；Mazumdar and Papatla, 2000；守口，2003b）．ブランド選択モデルへの拡張のほかにも，潜在クラス分析はさまざまな方向に拡張されている．たとえば，6章でとりあげたコンジョイント分析法をベースとして，潜在クラスごとに効用値を求めるという方法（Desarbo *et al.*, 1992）や，

回帰分析や因子分析などの伝統的な多変量解析の手法と組み合わせ，クラス別に回帰係数や因子負荷量を求める手法も利用されている．

8.5 応用例－ビール類の飲用シーンからみた潜在的セグメントの抽出－

ここでは，ビール類に関する飲用シーン別ブランド選択のデータに，潜在クラス分析を適用する．データとしては，グループ1，グループ2の双方のものを利用した（サンプル数1066名）．利用した質問項目は，「下記のそれぞれのときに，最もふさわしいと思うものを1つお選びください．」というものであり，提示した飲用シーンは次の8つである（括弧内は略称を表す）．

- 普段の夕食時に飲む（夕食時）
- 特別な日の夕食時に飲む（特別な日）
- 外食時に飲む（外食時）
- スポーツの後に飲む（スポーツの後）
- 仕事が終わった後に飲む（仕事の後）
- 風呂上りに飲む（風呂上り）
- 1人でゆっくりと飲む（1人で）
- 大勢で楽しく飲む（大勢で）

回答者は，それぞれのシーンごとに最もふさわしいブランドを1つ選択する．対象ブランドは，表2.1で述べた10ブランドである．利用したデータの形式は，表8.2のようになる．データのそれぞれの要素である x_{ij} は1～10までの値をとるカテゴリカルな多値変数であり，それぞれの値がブランドを表す．

表8.2 応用例で利用したデータの形式

		シーン					
		1	2	⋯	j	⋯	8
被験者	1	x_{11}	x_{12}	⋯	x_{1j}	⋯	x_{18}
	2	x_{21}	x_{22}	⋯	x_{2j}	⋯	x_{28}
	⋮	⋮	⋮		⋮		⋮
	i	x_{i1}	x_{i2}	⋯	x_{ij}	⋯	x_{i8}
	⋮	⋮	⋮		⋮		⋮
	N	x_{N1}	x_{N2}	⋯	x_{Nj}	⋯	x_{N8}

表8.3 飲用シーン別ブランド選択比率

	夕食時	特別な日	外食時	スポーツの後	仕事の後	風呂上がり	一人で	大勢で
スーパードライ	0.208	0.093	0.224	0.300	0.278	0.244	0.144	0.288
ラガー	0.068	0.021	0.077	0.098	0.087	0.087	0.055	0.117
一番搾り	0.165	0.053	0.168	0.088	0.163	0.131	0.098	0.154
黒ラベル	0.042	0.033	0.074	0.031	0.068	0.047	0.052	0.064
エビス	0.068	0.311	0.187	0.041	0.079	0.060	0.217	0.085
プレミアム・モルツ	0.049	0.397	0.097	0.035	0.065	0.065	0.254	0.050
本生	0.052	0.023	0.040	0.063	0.046	0.038	0.029	0.053
淡麗〈生〉	0.168	0.029	0.051	0.135	0.091	0.136	0.059	0.086
のどごし〈生〉	0.090	0.015	0.041	0.165	0.079	0.117	0.033	0.066
金麦	0.090	0.026	0.041	0.044	0.044	0.075	0.060	0.038
合計	1.000	1.000	1.000	1.000	1.000	1.000	1.000	1.000

表8.4 クラス数別にみたモデル選択の指標

クラス数	$R^2(S)$	AIC	BIC	CAIC
1	0.000	35057.7	35415.7	35487.7
2	0.212	33896.4	34299.1	34380.1
3	0.480	33463.9	33991.4	34001.4
4	0.565	33262.9	33754.1	33853.1
5	0.532	33209.0	33745.9	33853.9

表8.5 4クラスのモデルにおける各クラスの相対規模

クラス	相対規模
1	0.701
2	0.171
3	0.068
4	0.060

　まず，得られたデータから，飲用シーン別のブランド選択比率を算出すると，表8.3のようになる．このように，「夕食時」には，スーパードライ，一番搾り，淡麗〈生〉の選択比率が高く，「特別な日」には，プレミアム・モルツ，エビスの比率が圧倒的に高い．さらに，「外食時」には，スーパードライ，エビス，一番搾りの値が高く，「スポーツの後」では，スーパードライが飛びぬけて高く，のどごし〈生〉，淡麗〈生〉が続いている．このように，それぞれのシーンによって，選択されるブランドが大きく異なっている．

　それでは，上記のデータに潜在クラス分析を適用しよう．8.3.2項のcで説明したように，潜在クラス分析では採用するクラス数は分析結果から直接示されるわけではない．そこで，1クラスから5クラスまでクラス数を増やしながら推定を行い，調整済み$R^2(S)$，AIC，BICおよびのCAICの値を比較すると表8.4のようになる．このように，指標によって選択するモデルが異なるが，

8.5 応用例―ビール類の飲用シーンからみた潜在的セグメントの抽出― 101

表8.6 各クラスごとの飲用シーン別ブランド選択比率

クラス1	夕食時	特別な日	外食時	スポーツの後	仕事の後	風呂上がり	一人で	大勢で
スーパードライ	0.128	0.050	0.162	0.211	0.160	0.113	0.061	0.213
ラガー	0.064	0.015	0.070	0.096	0.085	0.076	0.049	0.121
一番搾り	0.172	0.047	0.175	0.095	0.189	0.146	0.098	0.171
黒ラベル	0.047	0.033	0.083	0.036	0.087	0.059	0.056	0.074
エビス	0.078	0.333	0.217	0.050	0.105	0.080	0.247	0.102
プレミアム・モルツ	0.058	0.437	0.114	0.043	0.087	0.088	0.298	0.060
本　生	0.062	0.025	0.047	0.078	0.061	0.050	0.034	0.062
淡麗〈生〉	0.198	0.029	0.056	0.163	0.112	0.175	0.067	0.097
のどごし〈生〉	0.101	0.013	0.041	0.186	0.082	0.138	0.034	0.067
金　麦	0.092	0.018	0.036	0.043	0.034	0.075	0.055	0.032
合　計	1.000	1.000	1.000	1.000	0.000	1.000	1.000	1.000

クラス2	夕食時	特別な日	外食時	スポーツの後	仕事の後	風呂上がり	一人で	大勢で
スーパードライ	0.314	0.115	0.342	0.502	0.572	0.584	0.195	0.417
ラガー	0.120	0.028	0.112	0.167	0.157	0.183	0.113	0.178
一番搾り	0.249	0.072	0.211	0.123	0.180	0.164	0.163	0.188
黒ラベル	0.052	0.041	0.076	0.034	0.043	0.031	0.068	0.061
エビス	0.067	0.338	0.150	0.035	0.027	0.019	0.216	0.063
プレミアム・モルツ	0.038	0.361	0.059	0.022	0.012	0.010	0.189	0.028
本　生	0.031	0.017	0.018	0.029	0.004	0.003	0.016	0.022
淡麗〈生〉	0.077	0.016	0.017	0.045	0.004	0.004	0.022	0.025
のどごし〈生〉	0.030	0.006	0.009	0.038	0.002	0.002	0.008	0.013
金　麦	0.021	0.006	0.006	0.007	0.000	0.010	0.010	0.005
合　計	1.000	1.000	1.000	1.000	1.000	1.000	1.000	1.000

クラス3	夕食時	特別な日	外食時	スポーツの後	仕事の後	風呂上がり	一人で	大勢で
スーパードライ	0.945	0.555	0.749	0.973	0.988	0.954	0.982	0.977
ラガー	0.044	0.075	0.115	0.025	0.011	0.041	0.017	0.021
一番搾り	0.011	0.103	0.101	0.001	0.001	0.005	0.001	0.001
黒ラベル	0.000	0.032	0.017	0.000	0.000	0.000	0.000	0.000
エビス	0.000	0.146	0.016	0.000	0.000	0.000	0.000	0.000
プレミアム・モルツ	0.000	0.085	0.003	0.000	0.000	0.000	0.000	0.000
本　生	0.000	0.002	0.000	0.000	0.000	0.000	0.000	0.000
淡麗〈生〉	0.000	0.001	0.000	0.000	0.000	0.000	0.000	0.000
のどごし〈生〉	0.000	0.000	0.000	0.000	0.000	0.000	0.000	0.000
金　麦	0.000	0.000	0.000	0.000	0.000	0.000	0.000	0.000
合　計	1.000	1.000	1.000	1.000	1.000	1.000	1.000	1.000

クラス4	夕食時	特別な日	外食時	スポーツの後	仕事の後	風呂上がり	一人で	大勢で
スーパードライ	0.004	0.002	0.014	0.003	0.001	0.001	0.003	0.010
ラガー	0.004	0.001	0.010	0.003	0.001	0.001	0.005	0.010
一番搾り	0.016	0.006	0.040	0.005	0.004	0.005	0.015	0.025
黒ラベル	0.008	0.008	0.031	0.004	0.005	0.004	0.015	0.019
エビス	0.022	0.154	0.132	0.010	0.014	0.012	0.109	0.046
プレミアム・モルツ	0.027	0.389	0.113	0.016	0.028	0.026	0.220	0.047
本　生	0.050	0.044	0.076	0.055	0.046	0.030	0.042	0.086
淡麗〈生〉	0.270	0.097	0.149	0.218	0.202	0.211	0.140	0.235
のどごし〈生〉	0.235	0.083	0.181	0.476	0.354	0.337	0.122	0.282
金　麦	0.365	0.217	0.256	0.212	0.345	0.372	0.329	0.239
合　計	1.000	1.000	1.000	1.000	1.000	1.000	1.000	1.000

調整済み $R^2(S)$ と CAIC の2つの指標が4クラスのモデルが適当であることを示しているため，4クラスのモデルを採用した．

表8.5は，クラス数を4としたモデルにおける各クラスの相対規模を表している．このように，クラス1の規模が圧倒的に大きく，全体の約70%を占めている．次いでクラス2が約17%であり，クラス3と4は10%以下の規模になっている．クラス1〜4までの，飲用シーン別のブランド選択確率は図8.6に示される．これらのそれぞれの表と，観測データから集計された全体の比率（表8.3）とを比較することによって，各クラスの特徴が把握できる．このようにして把握した各クラスの特徴の概要は表8.7に示される．

上述の比較から，各クラスはかなり明確な特徴を有していることがわかる．観測データの集計値である表8.3をみると，スーパードライはほとんどの飲用シーンで最も高い選択率を得ている．ところが，表8.6が示すように，最大規模のクラス1では，多くの飲用シーンで一番搾りや淡麗〈生〉よりもスーパードライの選択確率が低くなっている．一方で，クラス2では，どのシーンにおいてもスーパードライがかなり高い選択確率を有しており，クラス3では圧倒的に高い値を得ている．このようにスーパードライは，規模の大きなクラス1では苦戦しているものの，ロイヤルティの高い2つのクラスの顧客群を有しているために，全体でみると高い選択確率になるという構造をもっている．

第3のビールと発泡酒からなる低価格ブランドも，特定のクラス（クラス4）で高い選択確率を有しており，それが全体に貢献するという構造をもっている．

表8.7　各クラスの大まかな特徴

クラス	特徴
1	スーパードライの値が低く，その分一番搾り，淡麗などの値が高い．
2	全体的に普通ビールの各ブランドの値が高いが，中でもスーパードライの値が高い．
3	スーパードライの値が圧倒的に高い．スーパードライのロイヤルユーザーのクラス．
4	第3のビールの値が高く，次いで発泡酒の値が高い．低価格ブランドを選好するクラス．

ただし淡麗〈生〉は，クラス4のほか，最大規模のクラス1でも高い選択確率を得ており，他の低価格ブランドとは異なる構造をもっている．プレミアムタイプであるエビスとプレミアム・モルツの2ブランドは，クラスを問わず特定のシーンにおいて高い選択確率を得ているという特徴がある．特に，「特別な日」の選択確率は，他のブランドに比して圧倒的に高い値になっている．

このように，非常に支持の高い特定のクラスの存在がシェア獲得に大きく寄与しているブランドもあれば，特定の飲用シーンにおける選択確率の高さが全体に寄与しているブランドもある．この結果から，ブランドによってシェアを形成する構造が異なっていることが読み取れる．なお，この応用例で利用したデータでは，回答者のビール類全体の飲用量，および飲用シーン別飲料量は把握できない．こうした相違を考慮したデータを利用することができれば，潜在クラス分析によって，消費者セグメントのより際立った特徴が抽出できると考えられる．

9

消費者のブランド選好を構造的に把握する
―共分散構造分析法―

9.1 目　　　的

　共分散構造分析法（covariance structure analysis）は，構造方程式モデリング（SEM：**S**tructural **E**quation **M**odeling）とも呼ばれる．この章では以後，SEM という略称を利用する．SEM は変数間の因果関係を分析する手法であるが，観測変数と潜在変数とを同時に扱うことができる点に大きな特徴がある．

　SEM の起源は，検証的因子分析（confirmatory factor analysis）の提案に遡る（Jöreskog, 1967, 1969；Jöreskog and Lawley, 1968）．Jöreskog らは，因子抽出法として最尤法を導入するとともに，従来の探索的因子分析（exploratory factor analysis）に対し，検証的因子分析という方法を提唱した．検証的因子分析は，観測変数との関係についての仮説をあらかじめ構築しておき，それをデータによって検証するという方法である．その後，検証的因子分析を土台にし，パス解析の考え方が加味されることによって，因子間の因果関係を分析する手法として SEM が発展していった．なお，因子分析で抽出される因子は，分析者が直接観測できる変数ではなく潜在的な変数である．このような変数を，SEM では潜在変数と総称する．

　上述した発展過程からもわかるように，SEM は，分析者が直接観測することができない潜在変数を扱うという意味で因子分析の思想を包含し，変数間の因果関係を扱うという意味で，回帰分析やパス解析の手法を包含していると考えることができる．ただし，SEM はそれだけにとどまらず，従来の多変量解析の手法の多くをその下位モデルとして実行することができる（豊田，1998：

p.1).柔軟なモデル構築が可能であることが SEM の大きな特徴である.

9.2 データ

SEM で利用するデータは,観測変数の分散共分散行列だけである.元データがなくとも,分散共分散行列のデータさえあれば,分析を実行することができる.とはいえ,分散共分散行列のデータだけが分析者の手元にあることは稀だと思われるので,ここでは,一般的なケースを想定して,SEM で利用するデータについて説明しよう.

観測変数の分散共分散行列を計算するためには,観測変数に関する何らかのデータ系列があればよい.たとえば,一般的なアンケート調査の場合には,調査項目が観測変数となり,それぞれの観測変数について被験者数分のデータが得られることになる.ここから,観測変数である調査項目の分散共分散行列を計算することができる.あるいは,POS データから複数商品の売上に関する時系列データが得られる場合には,各商品の売上が観測変数となり,それぞれについて時系列分のデータが得られることになる.このように,SEM で利用する典型的なデータは,表 9.1 に示すような 2 相 2 元データとなる.ただし,実際に分析で利用するのは,先述したように観測変数の分散共分散行列である.このデータは,単相 2 元データである.

分析に際してどのような観測変数を用いるのかは,当然ながら分析目的によって異なってくる.ただし,SEM を利用した分析は,基本的には変数間の

表 9.1 SEM で利用する典型的なデータ

		質問				
		1	2	⋯	j	⋯	M
被験者	1	x_{11}	x_{12}	⋯	x_{1j}	⋯	x_{1M}
	2	x_{21}	x_{22}	⋯	x_{2j}	⋯	x_{2M}
	⋮	⋮	⋮		⋮		⋮
	i	x_{i1}	x_{i2}	⋯	x_{ij}	⋯	x_{iM}
	⋮	⋮	⋮		⋮		⋮
	N	x_{N1}	x_{N2}	⋯	x_{Nj}	⋯	x_{NM}

因果関係に焦点を当てることになるので，この場合，原因を構成する変数と結果を構成する変数の双方を考慮する必要がある．たとえば，特定のブランドを対象とした調査データを利用する際に，ブランド・イメージに関する調査項目と，購入意向に関する調査項目とを利用すれば，イメージ項目が購入意向にどのように影響しているかという因果関係を分析することができる．このとき，観測変数である複数のイメージ項目の背後にある潜在変数（因子）を扱うことができるのが，SEM の大きな特徴である．

9.3 方　　　　法

9.3.1 モデル

SEM では，変数間の因果関係に関する仮説に基づいてモデルを作成する．SEM のモデルは，一般に図 9.1 のような図を利用して表現される．このような図はパス図と呼ばれる．図のなかの矢印はパスと呼ばれ，変数間の因果関係を表している．パスの影響の大きさを表す値はパス係数と呼ばれる．図 9.1 は通常の回帰分析を表すパス図である．x_3 は被説明変数，x_1, x_2 が説明変数であり，a_1, a_2 は回帰係数を表している．e は誤差変数である．

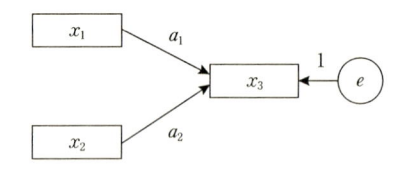

図 9.1 回帰分析のパス図
通常は誤差の単位を定めるため e から x_3 へのパス係数を 1 に固定する．

SEM では，データから得られた観測変数の分散共分散行列と，モデルによって規定される共分散構造とを比較し，後者が前者に適合するようにパラメータを推定する．共分散構造は，モデルのパラメータに基づいて表現された分散・共分散の構造を意味している．図 9.1 のモデルから得られる共分散構造は

$$x_3 = a_1 x_1 + a_2 x_2 + e$$

であることを利用すると

$$\Sigma = \begin{pmatrix} \sigma_{x1}^2 & & \\ 0 & \sigma_{x2}^2 & \\ a_1\sigma_{x1}^2 & a_2\sigma_{x2}^2 & a_1^2\sigma_{x1}^2 + a_2^2\sigma_{x2}^2 + \sigma_e^2 \end{pmatrix} \quad (9.1)$$

のように表すことができる.ここでは2つの独立変数 x_1 と x_2 間の相関を0だと仮定しているが,もし両変数に相関があることを仮定すると,共分散構造は

$$\Sigma = \begin{pmatrix} \sigma_{x1}^2 & & \\ \sigma_{x1,x2}^2 & \sigma_{x2}^2 & \\ a_1\sigma_{x1}^2 & a_2\sigma_{x2}^2 & a_1^2\sigma_{x1}^2 + a_2^2\sigma_{x2}^2 + \sigma_e^2 + 2a_1a_2\sigma_{x1,x2}^2 \end{pmatrix} \quad (9.2)$$

となる.このように,共分散構造とは,モデルのパラメータを利用して表現した観測変数の分散共分散行列を意味している.式(9.1)の例では,未知のパラメータは,$a_1, a_2, \sigma_{x1}^2, \sigma_{x2}^2, \sigma_e^2$ の5つとなり,式(9.2)では $\sigma_{x1,x2}^2$ が加わった6つとなる.観測データから得られた分散共分散行列に,上記の共分散構造ができるだけ合致するように,パラメータを推定することになる.推定方法については後述する.

共分散構造をより深く理解するために,別のモデルを利用して説明しよう.図9.2は,多重指標モデルと呼ばれるものであり,SEMによるモデルの典型的な形状をもっている.多重指標という名称は,潜在変数がそれぞれ複数の指標(観測変数)を有していることによっている.f_1, f_2 は潜在変数であり,x_1 ~ x_4 が観測変数である.2つの潜在変数の間には,f_1 が f_2 に影響するという関係がある.e_1 ~ e_4 および d は,誤差変数である.なお,図9.2のモデルのうち,f_1 の分散が1に,f_2 から x_3 へのパス係数が1に,それぞれ固定されている.SEMでは推定に際して,それぞれの潜在変数から観測変数へのパスのうちの

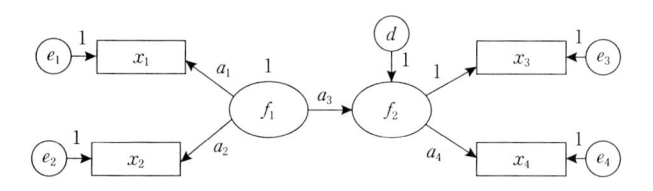

図 9.2 多重指標モデルのパス図

1つを特定の値（通常は1）に固定する必要がある．外生的な潜在変数の場合には，潜在変数の分散を特定の値（通常は1）に固定する方法でも対応できる．このように，それぞれの潜在変数について1つの値を固定するのは，潜在変数に関する単位を定めるためである．潜在変数については，実際の観測値が存在しないため，何らかの単位を定めることが必要となる．

図9.2のモデルから，それぞれの観測変数は

$$x_1 = a_1 + e_1$$
$$x_2 = a_2 + e_2$$
$$x_3 = f_2 + e_3 = a_3 + d + e_3$$
$$x_4 = a_4 f_2 + e_4 = a_3 a_4 + a_4 d + e_4$$

で表される．ここから，共分散構造は，

$$\Sigma = \begin{pmatrix} a_1^2 \sigma_{e1}^2 & & & \\ a_1 a_2 & a_2^2 \sigma_{e2}^2 & & \\ a_1 a_3 & a_2 a_3 & a_3^2 + \sigma_d^2 + a_{e3}^2 & \\ a_1 a_3 a_4 & a_2 a_3 a_4 & a_3^2 a_4 + a_4 \sigma_d^2 & a_3^2 a_4^2 + a_4^2 \sigma_d^2 + \sigma_{e4}^2 \end{pmatrix} \quad (9.3)$$

となる．この例での未知パラメータは，$a_1 \sim a_4$, $\sigma_{e1}^2 \sim \sigma_{e4}^2$, σ_d^2 の9つとなる．

9.3.2 推定方法

上述したように，SEMではデータから得られた観測変数の分散共分散行列と，モデルのパラメータで表現した共分散構造とを利用し，後者を前者にできるだけ合致するように，パラメータの値を推定することになる．推定には最尤法が最も一般的に用いられる．以下では，最尤法によるSEMのパラメータ推定について説明しよう．

まず，観測変数 x が，確率密度 $f(x|\mu, \Sigma)$ をもつ多変量正規分布に従うと仮定する．ここで，μ は期待値ベクトル，Σ はモデルのパラメータによって表現された分散共分散行列である．この仮定の下で，N 組の観測データ $(x_1, \cdots, x_N)$ が得られる尤度は

$$L = \prod_{i=1}^{N} f(x_i | \mu, \Sigma) \quad (9.4)$$

のように，それぞれの観測データが得られる確率密度の積で表される．推定の便宜のため，式(9.4)の対数をとり，さらに-1をかけて式を書き下すと，

$$-\log L = \frac{1}{2}\sum_{i=1}^{N}[(\boldsymbol{x}_i-\boldsymbol{\mu})'\sum^{-1}(\boldsymbol{x}_i-\boldsymbol{\mu})] - \frac{N}{2}\log|\sum^{-1}| \tag{9.5}$$

となる．$\boldsymbol{\mu}$の推定量としてデータから得られた$\boldsymbol{x}_i$の平均値$\bar{\boldsymbol{x}}$を利用し，式(9.5)を整理すると

$$-\log L = \frac{N}{2}[\mathrm{tr}(\sum^{-1}S) - \log|\sum^{-1}|] + (\text{パラメータのない項}) \tag{9.6}$$

を得る．ここで，Sはデータから得られた分散共分散行列である．また，trはtraceを略した記号であり，行列の主対角要素の和を表す．パラメータのない項と，定数である$N/2$は推定には影響しないため，式(9.6)からはずしても問題はない．さらに，関数をχ^2統計量と関係づけるとともに，最小値を0とするために，式(9.6)から$\log|S|$と観測変数の数Kを引くと，最尤法によるパラメータ推定のための目的関数f_{ML}を

$$f_{ML} = \mathrm{tr}(\sum^{-1}S) - \log|\sum^{-1}S| - K \tag{9.7}$$

のように表すことができる．結局この式(9.7)の目的関数を最小化することが，最尤法によるSEMのパラメータ推定方法となる．なお，ここで目的関数を最小化するのは，式(9.5)中で対数尤度に-1を乗じていることによる．目的関数の最小化のためのアルゴリズムにはニュートン法などが利用される．

9.3.3 分析の進め方

a. モデル構築

分析に際しては，変数間の因果関係を考慮した仮説的なモデルを構築することが必要となる．仮説的なモデルとしては，図9.1に示したような観測変数だけを利用したものでもよいし，図9.2のように観測変数と潜在変数の双方を利用したものでもよい．SEMを利用するためのソフトウェアにはビジュアルインターフェイスがすぐれたものが多い．これらのソフトウェアを利用すると，分析者は図9.1，図9.2のようなパス図を描き，パス図上の変数とデータとの関連付けをすることだけで分析を実施することができる．式(9.1)～式(9.3)のような共分散構造や，式(9.4)～式(9.7)で示される目的関数の定式化など

はすべてソフトウェアが処理してくれる．もちろん，分析者はそれらのすべてをブラックボックス化するのではなく，共分散構造や目的関数の意味を理解しておく必要がある．

モデル構築に際して気をつけるべきことの1つは，識別問題である．モデルによっては，解が無数に存在し識別できないことがあり，この場合を識別不定と呼ぶ．識別不定が発生する理由はさまざまであり，それらのすべてをあらかじめ考慮してモデル構築することは困難であるが，識別不定を発生させないための必要条件である

$$P \leq \frac{1}{2}K(K+1) \tag{9.8}$$

は，モデル構築の段階でクリアしておく必要がある．ここで，Pは未知パラメータの数であり，Kは観測変数の数である．$K(K+1)/2$は，観測変数の分散共分散行列のユニークな要素数を表している．なお，式(9.8)は，モデルが識別されるための必要条件であって十分条件ではないので，これを満たせば必ず識別されるわけではない．識別問題に対処するための方法については，豊田(1998: p.99)などを参照のこと．

b. 適合度指標

モデルが識別され，推定結果が得られると，次にそのモデルの適合度をみる必要がある．ここで，適合度とは，推定したモデルと観測データとの適合の程度を表す概念である．適合度をみるためには適合度指標にはさまざまな種類がある（朝野ほか，2005：pp.118-122；豊田，1998：pp.173-182，豊田，2003：pp.122-139）．逆に，これだけをみればよいという絶対的な指標はない．ここでは，代表的な適合度指標について説明しよう．

GFI（Goodness of Fit Index）　モデルがデータの分散共分散行列をどの程度再現できているかを指標化したもの．重回帰分析法における決定係数に相当し，上限値である1に近いほどモデルによるデータの説明力が高い．この値が0.9あるいは0.95以上である場合に，適合のよいモデルだと判断することが多い．

AGFI（Adjusted Goodness of Fit Index）　GFIはパラメータ数が多くなると必ず増加する性質をもつ．そのため，自由度による補正を加えたものが

AGFI である．この値が 0.9 あるいは 0.95 以上である場合に，適合のよいモデルだと判断することが多い．

CFI（Comparative Fit Index）　変数間に何の因果関係も想定しない独立モデルと分析モデルとを，自由度を考慮したうえで比較し，適合度を評価した指標．上限値は 1 であり，0.9 あるいは 0.95 以上であるときに，適合のよいモデルだと判断することが多い．

RMSEA（Root Mean Square Error of Approximation）　χ^2 統計量を基準とし，1 自由度当たりの乖離度の大きさを評価する指標であり，0 に近いほどよい．0.05 以下だと適合がよいモデル，0.1 以上だと適合が悪いモデルだと判断されることが多い．

c. 非標準解と標準解

モデルの適合度がよいと判断されたら，推定されたパラメータの値から変数間の因果関係を解釈する．パラメータの推定値には，非標準解と標準解という 2 つの種類がある．非標準解は，推定されたパラメータそのものの値であり，元の観測変数の単位を反映している．このため，元の観測変数の単位に基づいて結果を解釈する際には非標準解が利用される．ただし，複数の観測変数の単位がまちまちである場合には，非標準解では結果が解釈しにくいという問題が発生するため，標準解を利用する方が便利である．

標準解は，各変数の分散を 1 に標準化したときのパラメータ推定値である．このため，標準解によって，複数のパス係数の相対的な影響力の大きさを比較することができる．標準解のパス係数は，原因変数の標準偏差 1 単位の増加がもたらす，結果変数の標準偏差の増加分として解釈することができる．

一般に，SEM では標準解を用いて結果の解釈がされる場合が多い．その理由の 1 つは潜在変数の存在にある．潜在変数は，観測変数と異なりもともと単位が存在しないため，潜在変数からのパス係数を解釈する際には，標準解の方がわかりやすい．さらに，モデルで考慮する複数の観測変数の単位がまちまちである場合も多いことも，標準解が利用されやすいことの要因になっている．

9.4 応用例－ビール類のブランド選好構造－

9.4.1 10ブランド全体の分析

本節では，SEMを利用してビール類のブランド選好構造を分析した例を説明する．利用したデータは，ビール類の10ブランドに関するアンケート調査結果である．調査の概要は第2章で説明した通りであるが，ここで利用した質問項目を以下に示す．なお，（ ）内はそれぞれの項目の略称である．

・喉越しが良い（喉越し）

・香りが良い（香り）

・味が良い（味）

・飲むと，幸せな気分になる（幸せ）

表9.2 分析に利用したデータの形式

被験者	ブランド	質問					
		1	2	⋯	k	⋯	M
1	1	x_{111}	x_{112}	⋯	x_{11k}	⋯	x_{11M}
	2	x_{121}	x_{122}	⋯	x_{12k}	⋯	x_{12M}
	3	⋮	⋮		⋮		⋮
	⋮						
2	1						
	2						
	3						
	⋮						
⋮	⋮						
	⋮	⋮	⋮		⋮		⋮
i	j	x_{ij1}	x_{ij2}		x_{ijk}		x_{ijM}
	⋮	⋮	⋮		⋮		⋮
⋮	⋮						
N	⋮						
	8						
	9	⋮	⋮		⋮		⋮
	10	x_{N101}	x_{N102}	⋯	x_{N10k}	⋯	x_{N10M}

9.4 応用例―ビール類のブランド選好構造―

・飲むと，ほっとした気分になる（ほっとした）
・飲むと，爽快な気分になる（爽快）
・このブランドを選ぶことで，自分らしさを表現できる（自分らしさ）
・このブランドを選ぶことは，自分のイメージアップにつながる（イメージアップ）
・このブランドを選ぶ人は，センスが良い（センス）
・このブランドを選ぶ人は，洗練されている（洗練）
・このブランドは，総合的にみて良いブランドである（良い）
・このブランドは，好きなブランドである（好き）

分析では，調査対象の10ブランドのそれぞれのデータをプールして利用した．したがって，利用したデータの形式は表9.2に示されるような，人・ブランドを1つの相，質問項目をもう1つの相とする2相2元データとなる．全体で1066名の被験者が5つずつのブランドに関する質問に答えているため，総オブザベーション数は，1066×5＝5330である．

分析モデルは図9.3に示される．ブランド・イメージに関する10の項目は，3つの因子と関係していることを想定している．これらの因子は，「機能便益」因子，「情緒便益」因子，「自己表現便益」因子の3つであり，Aaker（1996）

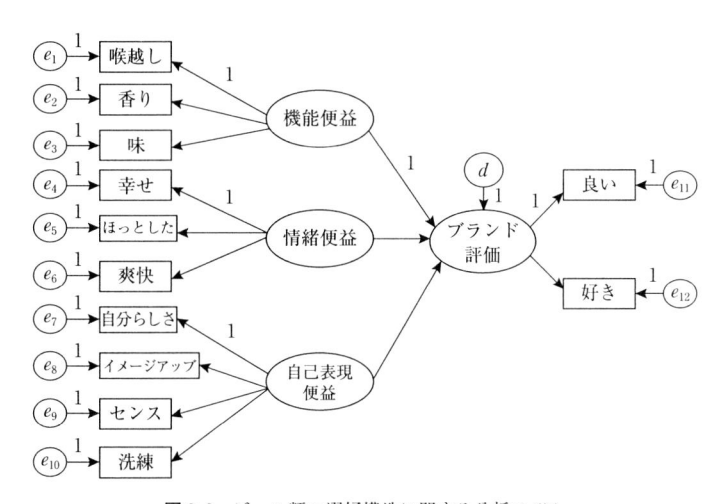

図9.3 ビール類の選好構造に関する分析モデル

表9.3 適合度指標（全体モデル）

適合度指標	値
GFI	0.939
AGFI	0.902
CFI	0.975
RMSEA	0.087

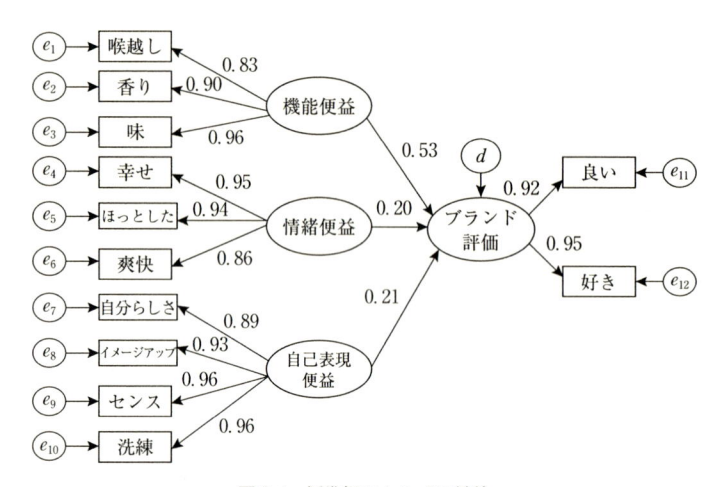

図9.4 標準解によるパス係数

が提示した，ブランドが提供する3種類の便益に対応している．図9.3では，3つの因子のほかに「ブランド評価」という潜在変数を考慮している．この潜在変数は，「良い」，「好き」という2つの質問項目と関連し，被験者のブランドに対する評価の高低を表す潜在変数だと考える．

適合度指標は，表9.3に示されるようにおおむね良好な値になっている．パス係数の標準解は図9.4のようになる．機能便益，情緒便益，自己表現便益の3つの因子から質問項目へのパスは，ほとんどが0.90を超える高い値になっている．3つの因子からブランド評価へのパス係数を比較すると，機能便益の値が高く，情緒便益，自己表現便益からの値は低くなっている．このことは，喉越しや味などのビール類の機能的便益が，飲んだときの気分や自己イメージにかかわる情緒便益や自己表現便益に比して，ブランド評価により強く影響していることを示している．

9.4.2 多母集団の同時解析

先述した分析結果は，10 ブランド全体のデータによる分析だが，実際には，人やブランドによって変数間の因果関係は異なると考えられる．ここでは，ブランドの相違を考慮した多母集団の同時解析を行う．

調査対象のブランドは 10 であるが，10 ブランドすべての相違を考慮すると分析が煩雑になるので，「スーパードライ」，「エビス」，「プレミアム・モルツ」の 3 つをとりあげ，残りのブランドはすべて「その他」としてくくることにする．上記 3 ブランドを選んだのは，ビール類の代表的ブランドであるスーパードライとプレミアムビールの 2 ブランドとを比較したいという理由による．上述したように，ビール類全体の分析からは，ブランド評価に対する機能的便益の影響度が高かった．しかし，プレミアムビールについては，ブランド評価に対する情緒的便益や自己表現便益の影響が大きいことが予想される．この点を確かめるのが，ここでの分析の大きな目的となる．

SEM による多母集団の同時解析は，観測されたデータが特徴の異なる複数の母集団から得られたと仮定して行う．ここでの分析では，「スーパードライ」，「エビス」，「プレミアム・モルツ」，「その他」の回答が，それぞれ異なる母集団から得られたと仮定する．このとき，推定するパラメータのすべてが母集団によって異なることを仮定する必要はなく，任意のパラメータについて，母集団間で値が等しいという制約を置くことができる．このような制約を等値制約と呼ぶ．ここでの分析では，上述したように，ブランド評価に対する 3 種類の便益の影響度がブランドによって異なることを想定している．これに対し，3 つの因子と観測変数との関係，ブランド評価と観測変数との関係がブランド間で異なることは仮定していない．これらを反映し，3 つの因子から観測変数へのパスと，ブランド評価から「良い」，「好き」という 2 つの観測変数へのパスについては等値制約を置いて分析を行う．このように，値を比較したいパラメータには制約を置かず，その他のパラメータには等値制約を置くことによって，全体のデータを利用しながら，グループ間での比較を行うことが可能となる．

多母集団の同時解析の適合度指標は表 9.4 に示される．このように，適合度は非常に良好である．非標準解による，パス係数の比較は表 9.5 に示される．

表 9.4 適合度指標(多母集団モデル)

適合度指標	値
GFI	0.935
AGFI	0.906
CFI	0.975
RMSEA	0.041

表 9.5 非標準解によるパス係数の比較(多母集団モデル)

パ ス	スーパードライ	エビス	プレミアムモルツ	その他
機能便益→ブランド評価	0.881	0.627	0.408	0.547
情緒便益→ブランド評価	0.095	0.255	0.136	0.218
自己表現便益→ブランド評価	0.107	0.094	0.390	0.236

*スーパードライの「情緒便益→ブランド評価」のパス係数を除き,5% 水準で有意.

ここでは,等値制約を置いていない,3つの便益因子からブランド評価へのパス係数を比較している.これ以外のパス係数には等値制約を置いているため,非標準解の値はグループ間で等しい.

ここで非標準解によって比較を行うのは,次のような理由による.標準解は,すべての変数の分散を1にしたときの解なので,各変数の元の分散の値に影響される.ここでの分析では分散に関する等値制約は置いていないため,等値制約を置いたパス係数についても,標準解ではグループごとに異なった値が推定される.一方,非標準解の方は,等値制約をおいたパス係数は集団間で等しく,それ以外のパス係数だけが集団間で異なった値となる.したがって,等値制約を置いていないパス係数を集団間で比較するためには,非標準解による方が都合がよい.

3つの便益因子からブランド評価へのパス係数を,非標準解の値で比較すると下記のようなことがいえる.まず,ブランド評価への機能的便益の影響度をブランド間で比較すると,スーパードライの値が最も大きい.情緒的便益の影

響度を比較すると，エビスの値が最も大きい．さらに，自己表現便益の影響度を比較すると，プレミアム・モルツの値が最も大きい．このように，とりあげた3つのブランドを比較すると，ブランド評価への影響構造が異なっていることがわかる．このような相違は，それぞれのブランドの特徴や訴求ポイントを反映している．

10

消費者のブランド選択行動を分析する
―多項ロジットモデル―

10.1 目　　　的

　多くのマーケティング担当者は，消費者のブランド選択行動に高い関心をもっている．どのような製品属性が消費者のブランド選択に大きく影響しているのか，マーケティング活動のうちの何がどの程度選択に影響しているのかといったことがわかれば，効果的なマーケティング計画を策定することができるだろう．本章では，消費者のブランド選択行動を分析する手法として，最も一般的に用いられている多項ロジットモデルをとりあげる．

　購買場面における消費者のブランド選択の方法にはさまざまなものが考えられる（阿部，1984；Bettman，1979）．これらのうち妥当な仮定の1つは，選択肢の中で効用が最大となるものを，消費者が選択するというものである．この仮定の下で消費者のブランド選択行動を分析する手法にはさまざまなものがあるが，最も頻繁に利用されているのが，McFadden（1974）による多項ロジットモデルである．

　多項ロジットモデルでは，消費者が選択肢の中から効用が最大となる選択肢を選ぶことを仮定しているが，これらの効用は計測不能な選択への影響のため，分析者にとって完全に観測されるわけではないと考えられる．このとき，それぞれの選択肢の効用は，確率変数としてとらえられることになり，こうした仮定に基づくモデルは確率的効用モデルと呼ばれる．

10.2 データ

多項ロジットモデルによって，消費者のブランド選択行動を分析する際には，何らかの方法で取得したブランド選択データを利用する．ブランド選択データは，大きく2つのタイプに分けることができる．1つは，消費者の購買履歴データである．これは，特定の製品カテゴリーないしは複数の製品カテゴリーに関する消費者の実際の購買行動を捕捉したデータで，1章で説明したID付きPOSデータは，消費者の購買履歴データの代表的なものである．今日では，情報技術の進展などによって，この種の購買履歴データの利用可能性が飛躍的に増大している．ブランド選択データのもう1つのタイプは質問調査データである．このデータを取得する場合には，調査対象者に選択肢を提示し，その中から1つまたは複数のブランドを選んでもらうという方法をとる．

消費者の購買履歴データは一般に，表10.1のような形式になる．ここから，それぞれのID番号の消費者が，何時，何を，いくつ，いくらで買ったのかが把握できる．さらに，各ブランドの毎日の販売価格の情報を分析に利用することも多い．販売価格の情報はPOSデータから把握することができる（ただし，当該商品の売上のない日の販売価格は，POSデータからは把握できない）．販売価格の他，各選択肢の特別陳列の有無，チラシ掲載の有無などのプロモーション情報が，分析に利用される場合もある．ただし，これらのプロモーション情

表 10.1 消費者の購買履歴データの形式の例

顧客ID番号	年/月/日	購入ブランド	購入数量	購入金額	ブランドの価格			
					1	2	$\cdots$	M
1	2009/01/15	1	1	200	200	250	$\cdots$	150
1	2009/01/25	2	1	250	200	250	$\cdots$	120
1	2009/02/10	1	2	400	200	250	$\cdots$	120
2	2009/01/11	1	1	180	180	250	$\cdots$	150
2	2009/01/11	2	1	220	200	220	$\cdots$	150
2	2009/02/15	1	1	180	180	250	$\cdots$	150
$\vdots$	$\vdots$	$\vdots$	$\vdots$	$\vdots$	$\vdots$	$\vdots$		$\vdots$
N	2009/03/10	1	1	200	200	200	$\cdots$	150

表10.2 アンケート調査によるブランド選択データの形式の例

サンプル番号	選択ブランド	ブランドの評価				
		イメージ項目1		$\cdots$	イメージ項目 L	
		1 $\cdots$ M		$\cdots$	1 $\cdots$ M	
1	1	5 $\cdots$ 4		$\cdots$	5 $\cdots$ 4	
2	3	4 $\cdots$ 3		$\cdots$	3 $\cdots$ 4	
$\vdots$	$\vdots$	$\vdots$ $\vdots$			$\vdots$ $\vdots$	
N	1	4 $\cdots$ 4		$\cdots$	4 $\cdots$ 5	

報はPOSデータからは取得できないため,店舗記録や調査データなどを利用する必要がある.選択結果とともに価格やプロモーションなどのマーケティング変数の情報を利用することによって,消費者の選択にこれらのマーケティング変数がどのように影響しているのかを分析することが可能となる.

ブランド選択データのもう1つのタイプは,消費者に対する質問調査データである.通常は,複数の選択肢を被験者に提示し,その中から1つまたは複数のブランドを選択してもらう.このような質問調査データを取得する際には,選択ブランドとともに各ブランドのもつ属性やイメージの評価項目に回答してもらうことが多い.両者をあわせて捕捉することによって,ブランドの属性やイメージがどのように選択に影響しているのかを分析することが可能となる.質問調査データの形式は,表10.2のようになる.このように,一般的な質問調査データの場合には,人×調査項目の2相2元データとなる.

質問調査データを取得する際に,消費シーンごとにブランドを選択してもらうこともできる.後述するビールの例のように,普段の夕食時に飲むビール,特別な日に飲むビール,スポーツの後に飲むビール,…などの消費シーンによって,選択するブランドや選択の理由が異なる場合も多い.このようなシーン別の選択行動については,上述した購買履歴データから把握することは難しい.

10.3 方　　　　法

10.3.1 モ デ ル

多項ロジット・モデルは，消費者が選択肢の集合の中から効用が最大となる選択肢を選ぶことを仮定し，モデル化されている．ただし，消費者の効用は分析者にとって完全に観測されるわけではないと考えられる．このため，消費者の感じる効用は，分析者にとって把握可能な効用（確定的効用）と，把握不可能な効用（誤差項）との和によって構成されると考える．この仮定の下で，ブランド j の集合 A からの選択確率は

$$P(j|A) = \Pr[U_j > U_k] \quad \text{for all} \quad k \in A, k \neq j \tag{10.1}$$

$$U_j = V_j + \varepsilon_j \tag{10.2}$$

のように表される．ここで，U_j は j の効用，V_j はそのうちの確定的部分，ε_j は誤差項をそれぞれ表す．式(10.2) から式(10.1) は

$$P(j|A) = \Pr[V_j + \varepsilon_j > V_k + \varepsilon_k] \quad \text{for all} \quad k \in A, k \neq j$$

$$= \Pr[\varepsilon_k < V_j - V_k + \varepsilon_j] \quad \text{for all} \quad k \in A, k \neq j$$

となる．ここで，誤差項の同時密度関数 $f(\varepsilon_1, \cdots, \varepsilon_j, \cdots, \varepsilon_M)$ を考えると

$$P(j|A) = \int_{-\infty}^{+\infty} \int_{-\infty}^{V_j - V_1 + \varepsilon_j} \cdots \int_{-\infty}^{V_j - V_M + \varepsilon_j} f(\varepsilon_1, \cdots, \varepsilon_j, \cdots, \varepsilon_M) d\varepsilon_M \cdots d\varepsilon_j \cdots d\varepsilon_1 \tag{10.3}$$

となる．

Thurstone (1959) は式 (10.3) の ε_j の分布に多変量正規分布を仮定した．このモデルは多項プロビット・モデル (multi nominal probit model) と呼ばれる．このように，ε_j に正規分布を仮定するのは最も自然なものであるが，この場合 $\Pr(j|A)$ を積分を含んだ形で表現することになり，パラメータ推定や選択行動の予測における計算が面倒になる．このことは，ε_j に他の分布を仮定した場合も同様である．唯一の例外は，McFadden (1974) が用いた第1種極値分布 (type I extreme value distribution) である．ここでは，ε_j が独立に同一の第1種極値分布に従うと仮定される．この分布はその形状から，2重指数分布 (double exponential distribution) とも呼ばれ，分布関数は

$$F(\varepsilon_j) = \exp[-e^{-\lambda(\varepsilon_j - \mu)}]$$

であり，密度関数は

$$f(\varepsilon_j) = \lambda \exp[-\lambda(\varepsilon_j - \mu) - e^{-\lambda(\varepsilon_j - \mu)}]$$

で表される．なお，2重指数分布（第1種極値分布）は，次のような性質を有する．すなわち，ε_1 と ε_2 が独立で，$\varepsilon_1 \sim DE(\lambda, \mu_1)$，$\varepsilon_2 \sim DE(\lambda, \mu_2)$ であるならば，$\varepsilon_1 - \varepsilon_2 \sim L(\lambda, \mu_1 - \mu_2)$ である．ここで，DE は2重指数分布，L はロジスティック分布を表す．この性質を利用すると，式(10.3)は

$$P(j|A) = \frac{\exp(V_j)}{\sum_{K \in A} \exp(V_K)} \tag{10.4}$$

のように変換される（導出の過程の詳細は，Ben-Akiva and Lerman, 1985: pp. 103-107; 守口, 2001: pp. 147-149; 阿部・近藤, 2005: pp. 186-187 などを参照）．式(10.4)が多項ロジットモデルである．なお，式(10.1)の導出のように最も効用の高いブランドが選択されるという仮定を満たしながら，式(10.4)のようなシンプルなフォームでブランド選択確率を表現できることがこのモデルの最大のメリットであり，広く適用される要因となっている．

式(10.4)の確定的効用 V_j については，マーケティング変数とその影響度を表すパラメータの線形結合，あるいは，製品属性とその影響度を表すパラメータの線形結合として

$$V_j = \alpha_j + \beta X_j \tag{10.5}$$

のように表現する．ここで，X_j はブランド j に関するマーケティング変数（製品属性）のベクトル，β は影響度を表すパラメータのベクトル，α_j はブランド j の基礎的な魅力度を表すパラメータである．

10.3.2 推定方法

多項ロジットモデルのパラメータ推定には最尤法が用いられる．以下でその方法を説明しよう．ここでは，説明をわかりやすくするために式(10.5)をより具体化し，マーケティング変数として販売価格と特別陳列の有無を考える．消費者 i の t 回目の購買機会におけるブランド j の販売価格を PR_{ijt}，同様にブランド j の特別陳列の有無を SD_{ijt} としよう．このとき，消費者 i の t 回目の購

買機会におけるブランド j の確定的効用を

$$V_{ijt} = \alpha_j + \beta_1 PR_{ijt} + \beta_2 SD_{ijt} \tag{10.6}$$

のように記述することができる．さらに，消費者 i の t 回目の選択機会においてブランド j が選択された場合 $y_{ijt}=1$，そうでない場合 $y_{ijt}=0$ とする．ここで，y_{ijt} と，それに対応する PR_{ijt} および SD_{ijt} が得られた下での尤度は

$$L = \prod_{i=1}^{N} \prod_{j=1}^{M} \prod_{t=1}^{R} P_{it}(j|A)^{y_{ijt}} \tag{10.7}$$

となる．y_{ijt} と PR_{ijt} および SD_{ijt} が得られた下で (10.7) 式の L はパラメーター α，β_1，β_2 の関数だと考えられる．この尤度関数 L を最大化する値が α，β_1，β_2 の最尤推定量となる．なお，式 (10.7) における両辺の対数をとると

$$\log L = \sum_{i=1}^{N} \sum_{j=1}^{M} \sum_{t=1}^{R} y_{ijt} \log [P_{it}(j|A)] \tag{10.8}$$

となる．通常は，この対数尤度 $\log L$ を利用して推定を行う．推定方法に関する詳細は，阿部・近藤 (2005：pp.134-135)，Ben-Akiva and Lerman (1985：pp.118-123)，守口 (2002：pp.72-75)，朝野 (2008b) などを参照のこと．

10.3.3 分析の進め方
a. 定式化

多項ロジットモデルの分析に際しては，まず式 (10.6) で示したような効用関数を定式化する必要がある．通常は各ブランドのマーケティング変数，製品特性などによって効用が規定されると考えるが，定式化に際し実際にどのような変数を考慮すべきかは，分析目的，データの入手可能性により変わってくる．

扱う変数が特定されたら，選択データの形式を考慮しながら，効用関数の定式化を行う．複数の消費者の複数回にわたる選択データを扱う場合には，式 (10.6) の添え字 i と t とを考慮する必要がある．もし 1 人の消費者の多数回にわたるデータを分析対象とするのであれば，添え字 i は必要なくなるし，複数の消費者が 1 回ずつ選択したデータを扱うのであれば，添字 t は必要ない．

式 (10.6) により効用関数が定式化されると，それを代入することで，式 (10.4) の選択確率，式 (10.6) の尤度関数および式 (10.7) の対数尤度関数も定まる．

b. 推定

推定に際しては，式(10.8)の対数尤度を利用し，これを最大化するパラメータを求める．なお，この推定値は解析的に求めることはできないが，ニュートン法などを適用して解を数値計算によって求めることができる．推定に際しては，ブランドの基礎的魅力度を表すパラメータ α_j のうち1つを特定の値に固定する必要がある．これは，α_j のそれぞれの値が，そのままの間隔で上下に平行移動しても式(10.4)の $P(j|A)$ の値が変化しないため，いずれかの値を固定しないと解が一意に定まらないからである．通常は，任意の1つのブランドの値を0に固定して（たとえば，$\alpha_1 = 0$）推定を行う．

c. 適合度

多項ロジットモデルの適合度は，対数尤度とそれを変換した指標によって評価する．この指標にはさまざまな種類があるが，ここでは，McFadden の ρ^2 (McFadden, 1974) について説明しよう．これは

$$\rho^2 = 1 - \frac{\log L}{\log L(0)} \tag{10.9}$$

で計算される指標であり，$\log L$ は分析モデルの対数尤度，$\log L(0)$ は基準モデルの対数尤度である．基準モデルとは，パラメータの値がすべて0であるモデルを意味しており，このモデルによる選択確率はすべてのブランドで等しくなる．ρ^2 は0から1までの値をとり，1に近いほど適合度がよい．ただし，回帰分析の R^2 と同様に，パラメータ数が増えると自動的に値が増加してしまうため，パラメータ数 p によって調整した

$$\text{調整済み } \rho^2 = 1 - \frac{\log L - p}{\log L(0)} \tag{10.10}$$

も利用される．なお，ρ^2 の値は回帰分析の R^2 のように高い値にはなりにくい．両者の間にはおおよそ，$\rho^2[0.1, 0.2, 0.3, 0.4, 0.5] = R^2[0.3, 0.5, 0.6, 0.8, 0.9]$ という対応が成り立つ（Domenich and McFadden, 1975：pp. 124）．

10.4 ロジットモデルの拡張－個人間異質性の考慮－

ここまで説明してきた多項ロジットモデルでは，ブランドの基礎的な魅力

度を表すパラメータの α_j, マーケティング変数や製品属性の影響力を表すパラメータ β は,どの消費者も同じ大きさであることを仮定していた.しかし,現実にはブランドの魅力度は消費者によって異なるだろうし,価格などのマーケティング変数の影響度も人によって違うはずである.このため,多項ロジット・モデルの枠組みでどのように個人間異質性を扱うかということは,長い間にわたって研究上の大きな課題となってきた.

このような個人間異質性の考慮は,現在では2つの方向に収斂してきている(阿部,2003;Andrews et al., 2002;守口,2003a).第1の方法は,パラメータに離散分布を仮定する方法であり,潜在クラスを考慮する方法がその代表的なものである.8.4節で説明したとおり,潜在クラスを考慮した多項ロジット・モデルは,Kamakura and Russell (1989) で導入され,その後さまざまなモデルが提唱されている.このモデルを利用すると,上述の α や β に関して,クラスごとに異なる値が推定されるとともに,各クラスのサイズ(人数の比率)も推定される.分析者は,この結果から,マーケティング活動への反応の仕方やブランド選好が異なる複数の消費者セグメントに関する知見を得ることが可能となる.

個人間異質性を考慮するための第2の方法は,パラメータに連続分布を仮定する方法であり,代表的なものが階層ベイズモデルである.多項ロジットモデルにベイズアプローチを導入した,Rossi and Allenby (1993) の先駆的研究以降,このアプローチによるさまざまなモデルが開発されている(Arora et al.,1998;Bradlow and Rao, 2000;McCulloch and Rossi, 1994;McCulloch et al., 2000;Rossi et al., 1996).

今日では,ブランド選択を分析する手法として,階層ベイズモデルが広く利用されるようになっている.なお,階層ベイズモデルでは,パラメータの推定にシミュレーションを利用するために,上述した多項ロジット・モデルの推定の容易さという利点は活かされない.このため,階層ベイズを利用したモデルとしては,誤差項に多変量正規分布を仮定した多項プロビットモデルもよく利用される.いずれにしても,コンピュータ能力が飛躍的に向上したことにより,現在では数万回に及ぶようなシミュレーションを利用した推定も無理なく可能になっている.このことも,階層ベイズモデルの発展と浸透に大きく寄与し

ている.なお,潜在クラスを考慮したブランド選択モデルについては,Wedel and Kamakura（1999）で,階層ベイズによるブランド選択モデルについては,Rossi et al.（2006）,照井（2008）で,それぞれ詳細に説明されている.

10.5 応用例－ビール類のブランド選択行動－

ここでは,ビール類の質問調査データを利用して分析を行う.分析はグループ1の回答データを利用した.したがって,対象ブランドはスーパードライ,ラガー,エビス,淡麗〈生〉,金麦の5ブランドである.

グループ1のデータから,さらに2組のデータセットを作成した.データ1は,「普段の夕食時に飲むのにふさわしいブランド」の選択データである.グループ1の537名のうち,「普段の夕食時に飲むのにふさわしいブランド」として上記の5ブランドのいずれかを選択した回答者は342名であった.データ1はこれらの342名を対象としている.この342名は,5ブランドのいずれかを選択しているとともに,5ブランドに関する10のブランド評価項目に回答している.9章で説明した通り,10のブランド評価項目は3つの因子と関連している.そこで,ここでの分析では,各被験者のそれぞれのブランドに対する「機能便益得点」,「情緒便益得点」,「自己表現便益得点」の3つを次のような方法で算出した.

たとえば,1番目の被験者のスーパードライに関する「機能便益得点」の値は,その人のスーパードライに関する「喉越しが良い」,「香りが良い」,「味が良い」という3つの項目の平均で求めた.同様に,「情緒的便益得点」は「飲むと,幸せな気分になる」,「飲むと,ほっとする気分になる」,「飲むと,爽快な気分になる」という3項目の平均で,「自己表現便益得点」は「そのブランドを選ぶことで,自分らしさを表現できる」,「そのブランドを選ぶことは,自分のイメージアップにつながる」,「そのブランドを選ぶ人は,センスが良い」,「そのブランドを選ぶ人は,洗練されている」という4項目の平均で求めた.同様の方法で,すべての被験者のすべてのブランドに対する得点を求めた.その結果として得られるデータの形式は表10.3のようになる.

2組目のデータセットは,「特別な日に飲むのにふさわしいブランド」の選

10.5 応用例－ビール類のブランド選択行動－

表10.3 データのフォーマット

サンプル番号	夕食時に飲むブランド	ブランドの便益得点					
		機能便益得点		情緒便益得点		自己表現便益得点	
		1 … 5		1 … 5		1 … 5	
1	5	4.8	… 4.1	5.1	… 4.1	4.1	… 4.1
2	2	3.5	… 3.1	3.1	… 3.2	4.5	… 3.2
⋮	⋮	⋮	⋮	⋮	⋮	⋮	⋮
N	3	4.3	… 4.2	3.5	… 3.3	2.5	… 1.5

択データである．グループ1の537名のうち，「特別な日に飲むのにふさわしいブランド」として上記5ブランドのいずれかを選択したのは287名であった．データ2は，この287名を対象としている．それぞれのブランドに関する3つの便益得点の値の計算方法は，データ1と同様である．

上記のようなデータを利用して，まず「普段の夕食時に飲むのにふさわしいブランド」の選択データの分析を行う．式(10.6)の効用関数は

$$V_{ij} = \alpha_j + \beta_1 FB_{ij} + \beta_2 EB_{ij} + \beta_3 SB_{ij} \tag{10.11}$$

のように変更される．ここで FB_{ij}, EB_{ij}, SB_{ij} はそれぞれ，消費者 i のブランド j に対する機能便益得点，情緒便益得点，自己表現便益得点を表す．$\beta_1 \sim \beta_3$ は，それぞれの便益得点の選択への影響度を表すパラメータである．α_j は，「普段の夕食時に飲む」場合の，ブランド j の基礎的な魅力度を示している．このデータは，それぞれの消費者が「普段の夕食時に飲むのにふさわしいブランド」を1回だけ選択した調査データである．したがって，式(10.9)では，式(10.6)と違って，t の添字はない．式(10.9)から，選択確率の式(10.4)の選択確率および式(10.8)の対数尤度も定まるので，そのまま推定を行う．

推定結果は，表10.4に示される．3つの便益得点の影響をみると，機能便益得点の影響度が最も大きく，次いで情緒便益，自己表現便益の順になっている．自己表現便益得点のパラメータは値も小さく，有意になっていない．普段の夕食時の選択には，味や喉越しなどのビール類の物理的特徴が大きな影響力を持ち，自己表現に関する便益はほとんど影響していないことがわかる．

10.3.3項 b で説明したように，ブランドの基礎的魅力度の推定に際しては

任意のブランドの値を固定する必要がある．ここでは，スーパードライの値を0に固定している．スーパードライも含め5ブランドの値を比較すると，淡麗〈生〉が最も高く，次いで，スーパードライ，金麦，ラガー，エビスとなっている．普段の夕食時に飲むビール類としては，比較的値段が安い発泡酒や第3のビールが好まれ，エビスのようなプレミアムビールの魅力度が低くなっていることがわかる．なお，金麦の基礎的魅力度の値が有意になっていないが，この解釈には注意が必要である．推定されたパラメータの有意性検定は，パラメータ=0を帰無仮説としたものである．したがって，基礎的魅力度に関しては，$\alpha=0$と固定したブランドの魅力度との差の有無を検定していることになる．$\alpha=0$と固定するブランドを変えれば，検定結果も変化する．

なお，モデルとデータとの適合度指標であるρ^2の値は，調整済みの値で0.176となっているが，10.3.3項のcで述べたとおり，この値は回帰分析のR^2などと比べて低めになる．これらの点から，適合度はそれほど悪くないと考えられる．

次に，「特別な日に飲むのにふさわしいブランド」の選択データを分析しよう．効用関数は式(10.9)と同様である．推定結果は，表10.5に示される．3つの便益得点の影響をみると，自己表現便益得点の影響度が最も大きく，次いで情緒便益得点，機能便益得点の順となり，先述した普段の夕食時の選択とは，まったく逆の結果になっている．特別な日に飲むのにふさわしいブランドの選択には，味や喉越しなどの物理的特徴よりも，自己表現や飲んだときの気分にかか

表10.4 普段の夕食時に飲むブランドに関する分析結果

変数	推定値	t値
ラガー	−0.709	−3.729**
エビス	−1.286	−6.234**
淡麗〈生〉	0.497	3.093**
金麦	−0.101	−0.528
機能便益得点	1.113	6.045**
情緒便益得点	0.536	2.615**
自己表現便益得点	−0.029	−0.193

**は1％水準で有意．
対数尤度=−446.7，調整済みρ^2=0.176．

表10.5 特別な日に飲むブランドに関する分析結果

変数	推定値	t値
ラガー	−1.517	−3.800**
エビス	1.170	5.818**
淡麗〈生〉	−0.802	−2.390**
金麦	−0.422	−1.333
機能便益得点	0.788	2.274*
情緒便益得点	1.036	2.901**
自己表現便益得点	1.905	12.774**

**は1％水準，*は5％水準で有意．
対数尤度=−190.6，調整済みρ^2=0.572．

わる便益が大きく影響していることがわかる.

　ブランドの基礎的魅力度を比較すると，エビスの値が飛びぬけて高く，次いでスーパードライ，金麦，淡麗〈生〉，ラガーの順になっている（先述した分析と同様に，スーパードライの値を0に固定している）．プレミアムビールであるエビスの値が最も高いのは，普段の夕食時の選択に関する分析結果と正反対の結果となっている．また，調整済み ρ^2 の値が 0.578 と非常に高い値となっている．これは，「特別な日に飲むのにふさわしいブランド」の選択は，「普段の夕食時に飲むのにふさわしいブランド」に比べて，被験者間で共通するかなり明確な傾向があったためだと考えられる.

11

大規模データから意味のある規則性や関係を発見する
―データマイニング―

11.1 目　　的

　通信，金融，流通などの業界を中心として，マーケティングの領域でもデータマイニングの利用がすすんできている．データマイニングは一般に，「大規模なデータベースから意味のある規則性，パターン，関係などを発見するプロセス」というように理解されている．そして，そのための手法として，決定木，アソシエーションルール，ニューラルネットワークなどが目的に応じて利用される．

　もちろん，データから意味のある関係を抽出するための分析方法は上記のようにデータマイニング特有の手法とは限らない．伝統的な統計解析手法やクロス集計が用いられる場合も多い．たとえば，スーパーマーケットなどの大型の店舗では，1人の来店客が一度に多くの商品を購入する．このため，商品間の同時購入に焦点を当てた分析が古くから行われてきた．このような分析では，クロス集計表から連関係数などを計算することによって，商品間の関係が把握されていた．しかし，この場合は，商品の数が多くなるにつれ組合せの数が爆発的に増大するため，一定の仮説のもとでの限られた組合せの関係を把握するというやりかたにならざるをえない．これに対し，データマイニングは，膨大なデータの中から意味のあるパターンを発見的に抽出する方法であり，マーケティング・データの規模が大きくなるにつれて，その有用性が認識されてきた．

　マーケティングにおけるデータマイニングの適用領域は非常に多岐にわたるが，主要な領域として，見込み顧客のターゲティング，顧客セグメンテーショ

ン，顧客のプロファイリング，リコメンデーション，顧客離脱の予測などがあげられる（Berry and Linoff, 2000；Rud, 2001）．本章では，マーケティングの領域においても近年大きな関心が寄せられているデータマイニングに焦点を当て，おもな分析手法を整理するとともに，代表的な手法の1つである決定木をとりあげて，そのアルゴリズムや分析手順などを説明する．

11.2 データマイニング手法の整理

データマイニングの適用目的にはさまざまなことがあげられるが，ここでは，Berry and Linoff（2000, 2004），Han and Kamber（2001），加藤ほか(2008)などを参考とし，データマイニングによる分析目的を，「判別」，「クラスタリング」，「近傍グループ化（neighborhood based classification）」，「推定」，「プロファイリング」という5つに整理して説明する．

a. 判 別

判別は，すでに分類されている複数のグループの1つに，対象を割り当てることを指す．たとえば，既存顧客のデモグラフィック属性や購買パターンを分析し，「自社顧客から離脱するか否か」を判別したり，購入見込み客の特徴を分析し，「購入するか否か」を判別することは，典型的な判別の例である．判別のためによく用いられるデータマイニング手法には，決定木，ニューラルネットワークなどがある．

b. クラスタリング

クラスタリングは，多様な特徴を有する集団を，いくつかの互いに類似したグループに分類することを指す．先述した「判別分類」はあらかじめ分けるべきグループが特定されているのに対し，「クラスタリング」では事前に決められたグループは存在しない．たとえば，過去の購入商品の種類に基づいて顧客を複数のクラスターに分類したり，顧客による買われ方の類似・相違に基づいて商品を複数のクラスターに分類することは，クラスタリングの例である．6章と7章で説明したさまざまな種類のクラスター分析，8章で説明した潜在クラス分析は，クラスタリングのために利用される代表的な分析手法である．

c. 近傍グループ化

近傍グループ化は，何と何が同時に発生するかを特定することを目的とする．たとえば，小売店舗の来店客が何と何を一緒に買う傾向があるのかを特定することは，近傍グループ化の典型的な例である．近傍グループ化のための分析手法としては，アソシエーションルール，協調フィルタリング（collaborative filtering）などがある．協調フィルタリングは，さまざまな顧客の過去の購買データに基づいて，対象顧客への推奨商品を特定する目的でよく利用される．

d. 推 定

判別が「購入客」と「非購入客」などのように，あらかじめ特定したカテゴリーへの分類を行うのに対し，推定は「ダイレクトメール（DM）への反応確率」などの連続的な値を出力する．ここで，閾値を利用すると判別に利用することもできる．たとえば，DMへの反応確率が0.5以上の顧客をターゲット顧客とするような方法も可能である．上述したDMへの反応確率を推定することや，過去の利用履歴と顧客属性に基いて各顧客の生涯価値を推定することは，推定の典型的な例である．回帰分析法，ニューラルネットワークなどの手法が推定に利用される．

e. プロファイリング

プロファイリングは，データベースをもとに現状をわかりやすく記述することを目的としている．たとえば，ネット上のクチコミ・データをもとに個人間の影響関係を記述したり，ブランドスイッチのデータを利用してブランド間の競合構造を記述することは，プロファイリングの例である．プロファイリングに利用される手法には，リンク分析（link analysis），アソシエーションルールなどがある．

上述したように，データマイニングは大規模データベースを利用し，そこから意味のある規則性や関係などを発見するプロセスである．このように，データマイニングは抽象的な幅の広い概念であり，その目的やそこに含まれる分析手法は多岐にわたっている．本章だけで，多様な分析手法を網羅的に説明することはできないため，以下では，データマイニング手法の中でも代表的な手法の1つである決定木に焦点を当てて説明する．

11.3 デ ー タ

　上述したように，決定木は判別のために利用される手法である．このため，判別の基準となる目的変数と，それを説明するための説明変数とが必要となる．たとえば，新規の顧客が1年以内に離脱してしまうか否かを判別したいという目的があると考えよう．このとき，顧客のデモグラフィック属性だけを手がかりとするのであれば，目的変数が離脱の有無，説明変数がデモグラフィック属性となる．この場合に用いるデータは，対象となる各顧客の離脱の有無を表す2値変数および各顧客のデモグラフィック変数となる．このように，決定木で用いるデータは，表11.1に示されるような，判別の対象×変数群（目的変数＋説明変数）からなる2相2元データとなる．なお，目的変数には，離脱の有無のような2値変数だけでなく，カテゴリカルな多値変数や連続変数を利用することもできる．ただし，後述する決定木のアルゴリズムの種類によって，どのタイプの変数に対応できるかが異なる．説明変数には，アルゴリズムの種類を問わず，離散変数と連続変数の双方が利用できる．

　表11.1のようなデータは，さまざまなデータ源から作成することができる．一般に，決定木を含むデータマイニング手法は，大規模データベースに適用される．したがって，データ源としては，ID付きPOSデータやWeb上で得られるアクセスログデータや取引データなど，何らかの方法で自動取得される消費者の行動履歴データが利用されることが多い．

表 11.1　決定木で利用するデータ形式

		説明変数		目的変数
		1	⋯ M	
判別対象	1	x_{11}	⋯ x_{1M}	x_{1M+1}
	2	x_{21}	⋯ x_{2M}	x_{2M+1}
	⋮	⋮	⋮	⋮
	i	x_{i1}	⋯ x_{iM}	x_{iM+1}
	⋮	⋮	⋮	⋮
	N	x_{N1}	⋯ x_{NM}	x_{NM+1}

11.4 方　　　法

11.4.1 モ デ ル

ここでは，決定木による判別の考え方について，仮想的データである表11.2を利用して説明する．このデータでは，購入の有無が目的変数であり，性別，顧客歴，年齢が説明変数である．決定木では，説明変数を利用した木構造によって目的変数に関する判別を行う．表11.2をみると，顧客歴の長い男性は年齢を問わず購入している．顧客歴の短い男性の場合には，30歳と40歳の間に閾値があり，閾値以下の年齢の顧客は購入，閾値以上の顧客は非購入となっている．また，40歳以上の女性顧客はすべて非購入であり，35歳以下の女性顧客は，4人中3人が購入している．

これらの関係を木構造に表すとたとえば図11.1が得られる．図11.1の男性，顧客歴長というノードをたどっていくと「購入 (4/4)」となっている．これ

表11.2　仮想的購買データ

顧客No.	性別	顧客歴	年齢	購入の有無*
1	男性	長	50	1
2	男性	長	40	1
3	男性	長	30	1
4	男性	長	25	1
5	男性	短	50	0
6	男性	短	40	0
7	男性	短	30	1
8	男性	短	25	1
9	女性	短	50	0
10	女性	短	45	0
11	女性	短	40	0
12	女性	短	40	0
13	女性	短	35	1
14	女性	短	35	1
15	女性	短	30	0
16	女性	短	25	1

＊1は購入，0は非購入を表す．

11.4 方　　法

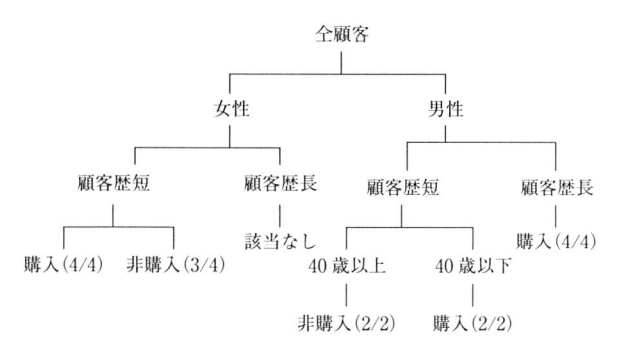

```
                    全顧客
              ┌───────┴───────┐
             女性              男性
          ┌───┴───┐        ┌───┴───┐
       顧客歴短  顧客歴長  顧客歴短  顧客歴長
       ┌──┴──┐    │      ┌──┴──┐     │
    購入(4/4) 非購入(3/4) 該当なし 40歳以上 40歳以下 購入(4/4)
                              │       │
                         非購入(2/2) 購入(2/2)
```

図 11.1　仮想的データによる決定木

は，男性で顧客歴が長い顧客は，購入と判別されることを表している．（　）内の 4/4 という数値は，こうした条件に当てはまるサンプルが 4 人いて，その 4 人とも購入していることを示している．このような木の先端部分はリーフ（枝葉）と呼ばれる．

　図 11.1 では最初に性別によって分割をし，次に顧客歴によって分岐をするという順序で決定木を成長させていった．複数の変数のうちどの変数によって分岐させるのかは，分岐の基準によって異なる場合がある．決定木には，分岐の基準をどのように設定するかによって，CART（**C**lassification **A**nd **R**egression **T**ree），CHAID（**CH**i-squared **AID**），C5.0 などのいくつかのアルゴリズムがある．ここでは，C5.0 の方法について説明しよう．

　C5.0 はエントロピー（entropy）に基づくゲイン比（gain ratio）という基準を用いて分割に利用する変数を決定していく．ある変数 X に関するエントロピーは

$$Info(X) = -\sum_{j=1}^{M} p_j \log_2 p_j \tag{11.1}$$

で表される．ここで，p_j は変数 X のとりうる値 M 個のうち j 番目の値の出現率である．したがって，$\sum p_j = 1$ である．エントロピーはすべての p_j が $1/M$ の値をとったときに最大値となり，その値が 1.0 となる．逆に，p_j のいずれかが 1 をとる場合に，エントロピーの値が最小値の 0 になると定義する．

　分岐前の親ノードのエントロピーは式(11.1)で算出される．ここで，h 番目の変数による分岐後のエントロピーについては，分岐後の各ノードのデータ

数で重み付けたエントロピーの加重和をとり

$$Info(X^h) = -\sum_{k=1}^{W} \frac{N(X_k^h)}{N(X)} info(X_k^h) \qquad (11.2)$$

で求める．ここで，X_k^h は h 番目の変数で分岐した k 番目の子ノードにおける変数であり，N は各ノードに含まれるデータ数である．式(11.1) で求めた分岐前のエントロピーと，式(11.2) で求める分岐後のエントロピーの差である，

$$Gain(X^h) = info(X) - info(X^h)$$

をゲインと呼ぶ．ここからさらに，基準化したゲイン比を

$$Gain\ ratio(X^h) = \frac{Gain(X^h)}{Split\ Info(X^h)} \qquad (11.3)$$

によって求める．ここで，$Split\ Info$ は分割エントロピーのことであり

$$Split\ info(X^h) = -\sum_{k=1}^{W} \frac{N(X_k^h)}{N(X^h)} \log \frac{N(X_k^h)}{N(X^h)}$$

となる．

　C5.0 では，このような方法ですべての変数についてのゲイン比を計算し，その値が最も高い変数を基準として順次分岐をさせていく．なお，説明変数がカテゴリカル変数の場合は上記の方法が適用できるが，連続変数の場合にはそのままではゲイン比を算出することができない．連続変数の場合には，ある基準値を見つけ出しそれ以上かそれ未満かというように2値化するのが1つの方法である．対象とする連続変数のすべての出現値について，その値を基準とした2値化を行いそれに対応するエントロピーを算出し比較することによって，探索的に基準値をみつけることができる．データマイニングの手法をサポートしているソウトウェアでは，こうした探索を自動的に行うアルゴリズムを備えている場合が多い．連続変数を扱うためのもう1つの方法は，分析者がア・プリオリにカテゴライズするというものである．たとえば，自社で扱っている商品が20代向け，30代向け，…というように分かれている場合には，顧客の年齢もそれに合わせてカテゴライズして分析することが考えられる．

11.4.2 過剰学習と枝狩り

　上述のようなステップで分岐を生成していったときに問題になるのは，それ

をどこでストップさせるかということである．図11.1の例の場合も，女性で顧客歴の短い35歳以下のリーフをさらに分割することで，判別率を向上することができる．この場合にはたとえば，31歳〜35歳は「購入」，30歳は「非購入」，29歳以下は「購入」というようにリーフを分割することになる．しかし，このように細かく枝を分割した場合には，分析に用いたデータには適合したとしても，その結果を他のデータに適用した場合の適合度が悪くなる恐れがある．

　目的変数に影響する要因は，分析で考慮した説明変数以外にも多くあるはずであり，現実のデータには取り上げた変数だけでは説明できないノイズが多く含まれている．データのすべてに適合するようなルールを生成しようとすると，こうしたノイズにまで適応してしまうことになる．このようにノイズの部分まで適合させてしまうような現象は過剰学習（over training）ないしは過剰適応（over fitting）と呼ばれる．過剰学習が生じた場合には，分析データはうまく判別するが，その結果を他のデータに適用したときの判別精度が悪くなってしまう．

　こうしたことを避けるための方法の1つに枝狩り（pruning）がある．枝狩りは剪定とも呼ばれるが，上述した過学習を避けるために，成長した決定木の細かい枝を削除することである．具体的な枝狩りのアルゴリズムについては，Berry and Linoff（2004：pp. 184-193）［江原ほか（訳），2005：pp. 134-142］，加藤ほか（2008：pp. 103-107）などを参照のこと．

11.4.3　分析の進め方

a.　交差妥当性検証

　決定木では，上述した過剰学習に陥っていないか否かを確認するための方法として交差妥当性検証が一般に利用されている．これは，全データを学習用データと検証用データに分割し，前者による分析結果を後者に適用してその精度を確かめるという方法である．一般に決定木をはじめとするデータマイニング手法は大規模データに適用されるため，このようなデータ分割を行っても十分なデータ量を確保できる場合が多い．学習用データと検証用データへの分割は，ランダムに行う場合もあるし，データを取得した期間や地域によって分ける場合もある．

交差妥当性検証では，学習用データによって構築した決定木のルールを検証用データに適用し，目的変数の判別がきちんと行われているかを，後述する指標を利用してチェックする．ここでもし，学習用データの判別率が高いにもかかわらず検証用データでの判別率が低い場合には，過剰学習が発生している可能性があるため，学習用データによる分析結果を再検討する必要がある．

b. 判別率の指標

決定木によって目的変数が正しく判別されているか否かを確認するためには，表11.3のような分割表が用いられる．目的変数が購入の有無であり，購入=1，非購入=0 だとすると，表11.3の表側は実際のデータに基づく購入の有無であり，表頭はモデルの判別結果に基づく購入の有無を表すことになる．

表 11.3 分割表

		判別	
		1	0
実測	1	a	b
	0	c	d

表11.3における a と d のセルは実際の結果を正しく判別していることを表しており，b と c の部分は誤った判別を表している．したがって，全体の判別率（discrimination ratio）は

$$\text{discrimination ratio} = \frac{a+d}{a+b+c+d}$$

で表される．ここで，モデルによる判別結果が当たっているか否かを，購入と非購入のそれぞれでみるためには，適合率（precision ratio）という指標が使われる．購入判別の適合率（precision ratio(1)）および非購入判別の適合率（precision ratio(0)）はそれぞれ

$$\text{precision ratio}(1) = \frac{a}{a+c} \qquad \text{precision ratio}(0) = \frac{b}{b+d}$$

で表される．さらに，実際の購入と非購入が正しく判別されているかをみるためには，再現率（recall ratio）が使われる．購入結果の再現率（recall ratio(1)），非購入結果の再現率（recall ratio(0)）はそれぞれ

$$\text{recall ratio}(1) = \frac{a}{a+b}, \quad \text{recall ratio}(0) = \frac{c}{c+d}$$

で表される.

ここで注意する必要があるのは,適合率と再現率にはトレードオフの関係があるということである.たとえば,購入結果の再現率を上げようと考えるのであれば,判別結果が購入に偏るようにすればよい.極端にいえば,すべてのデータを購入と判別すれば,recall ratio(1) = 1 となる.ところが,この場合には,表 11.3 における a が増えると同時に c が増加することとなり,通常は適合率が低下する.

適合率と再現率のどちらの指標を重視すべきかは,分析の目的によって異なる.たとえば,購入と判別された顧客にダイレクトメールを送る場合を考えてみよう.このとき,顧客獲得による利益が送付コストに比してかなり大きい場合には,購入結果の再現率である recall ratio(1) を重視すべきである.これによって,潜在顧客を獲得し損ねるという機会損失を最小限に抑えることができる.逆に,送付コストが相対的に高い場合には,購入判別の適合率である precision ratio(1) を重視すべきである.これによって,見込みのない DM を送付してしまうという無駄打ちコストを最小限に抑えることが可能となる.なお,両者の指標の加重調和平均をとった F 値(F measurement)と呼ばれる指標がある(加藤ら,2008).この指標は

$$F = \frac{1}{\alpha(1/\text{Recall}(1)) + (1-\alpha)(1/\text{Precision}(1))} \tag{11.4}$$

で表され,再現率と適合率のどちらを重視するかによって α の値を決めればよい.ここで,$0 \leq \alpha \leq 1$ である.α の値は,たとえば,上述した機会損失と無駄打ちコストのバランスを考慮して決めることができる.

11.5 応用例−プレミアム・モルツの選択要因−

ここでは,決定木を利用して,ビール類の選択の有無を判別した分析例について説明する.データには,ビール類アンケート調査のグループ 2 のデータを利用した.したがって,サンプル数は 529 名である.目的変数として,「特別

な日に飲むのにふさわしい」ブランドとしてプレミアム・モルツが選択されるか否かを設定し，説明変数には下記の16の変数を利用した．

【プレミアム・モルツに関するイメージ項目】（いずれも5段階評定）
・喉越しが良い
・香りが良い
・味が良い
・飲むと，幸せな気分になる
・飲むと，ほっとした気分になる
・飲むと，爽快な気分になる
・このブランドを選ぶことで，自分らしさを表現できる
・このブランドを選ぶことは，自分のイメージアップにつながる
・このブランドを選ぶ人は，センスが良い
・このブランドを選ぶ人は，洗練されている

【プレミアム・モルツの飲用経験の有無】
・飲用経験のあるブランドとしてプレミアム・モルツを選択したか否か

【回答者自身のデモグラフィック属性】
・性別（男性，女性）
・年齢（実年齢）
・婚姻の有無（未婚，既婚）
・家族構成（1人暮らし，家族と同居，その他）
・職業（会社員，公務員，専門職，教職員，自営業，パート・アルバイト，専業主婦，学生，無職，その他）

　分析に際しては，まず上記のデータを，学習用データと検証用データに分割した．乱数を利用してランダムにデータを2分割した結果，学習用データのデータ数は273，検証用データのデータ数は256となった．学習用データにC5.0による決定木を適用した結果は図11.2に示される．まず，「このブランドを選ぶ人は洗練されている」という質問への回答によって分岐が行われ，これに5と回答した者は「選択」と判別された．これに当てはまる回答者は80名おり，そのうちの66.2%がプレミアム・モルツを選択している．このように，「プレミアム・モルツを選ぶ人は洗練されている」と強く考えている人が，まず「選

11.5 応用例ープレミアム・モルツの選択要因ー

表11.4a 学習用データによる分割表

		判別 1	判別 0	再現率
実測	1	131	28	0.82
	0	44	70	0.61
適合率		0.75	0.71	0.74

表11.4b 検証用データによる分割表

		判別 1	判別 0	再現率
実測	1	101	42	0.71
	0	55	58	0.51
適合率		0.65	0.58	0.62

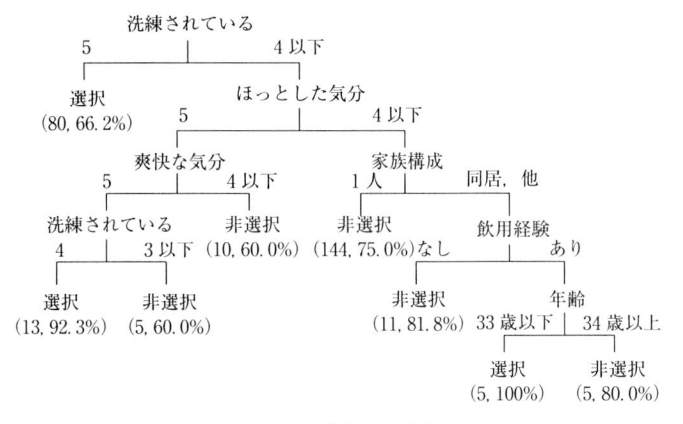

```
                  洗練されている
            5 ┌──────┴──────┐ 4以下
          選択            ほっとした気分
       (80, 66.2%)    5 ┌──────┴──────┐ 4以下
                   爽快な気分            家族構成
              5 ┌──┴──┐ 4以下      1人 ┌──┴──┐ 同居, 他
           洗練されている  非選択    非選択      飲用経験
           4 ┌──┴──┐ 3以下 (10, 60.0%) (144, 75.0%) なし ┌──┴──┐ あり
           選択     非選択                        非選択       年齢
        (13, 92.3%) (5, 60.0%)                 (11, 81.8%) 33歳以下 ┌──┴──┐ 34歳以上
                                                           選択       非選択
                                                        (5, 100%)   (5, 80.0%)
```

図11.2 決定木の分析結果

択」と判別されていることになる.

　他の変数としては「このブランドを飲むとほっとした気分になる」,「このブランドを飲むと爽快な気分になる」という質問項目,「家族構成」,「年齢」というデモグラフィック属性,そして「飲用経験」が分岐に利用されている.全体的にみて,ブランドの自己表現便益,情緒便益にかかわる変数によって多く分岐が行われている一方,機能便益にかかわる変数は分岐に影響していない.

　判別結果と実測結果による分割表は,表11.4のようになっている.このように,全体の判別率は学習用データで0.74,検証用データで0.62となっており,検証用データの方がやや低い値になっている.再現率と適合率のそれぞれの数値についても,検証用データの数値がやや低くなっている.ただ,全般的にはそれほど大きな乖離はなく,図11.2で示した決定木によって,特別な日にプレミアム・モルツを選択するか否かの判別が6～7割程度の精度で達成されていると考えられる.

文　　献

Aaker, D. A. (1996). *Building Strong Brands*. New York：The Free Press.（陶山計介・小林　哲・梅本春夫・石垣智徳（訳）(1997)．ブランド優位の戦略：顧客を創造する BI の開発と実践．ダイヤモンド社．）

阿部　誠・近藤文代 (2005)．マーケティングの科学：POS データの解析．朝倉書店．

阿部周造 (1984)．消費者情報処理理論．中西正雄（編著），消費者行動分析のニュー・フロンティア：多属性分析を中心に，pp. 119-163．誠文堂新光社．

足立浩平 (2006)．多変量データ解析法．ナカニシヤ出版．

Andrews, R., Ansari, A. and Currim, I. S. (2002). An empirical comparison of logit choice models with discrete versus continuous representations of heterogeneity. *Journal of Marketing Research*, **34**, 479-487.

Arabie, P. and Carroll, J. D. (1980). MAPCLUS：A mathematical programming approach to fitting the ADCLUS model. *Psychometrika*, **45**, 211-235.

Arabie, P., Carroll, J. D. and DeSarbo, W. S. (1987). *Three-way Scaling and Clustering*. Newbury Park, CA：Sage Publications.（岡太彬訓・今泉　忠（訳）(1990)．3元データの分析－多次元尺度構成法とクラスター分析法－．共立出版．）

Arabie, P., Carroll, J. D., DeSarbo, W. S. and Wind, J. (1981). Overlapping clustering：A new method for product positioning. *Journal of Marketing Research*, **18**, 310-317.

Arabie, P. and Hubert, L. (1994). Cluster analysis in marketing research. *In* Bagozzi, R. P. (Ed.), *Advanced Methods in Marketing Research*, pp. 160-189. Cambridge, MA：Blackwell.

Arora, N., Allenby, G. M. and Ginter, A. J. L. (1998). A hierarchical Bayes model of primary and secondary demand. *Marketing Science*, **17**, 29-44.

朝野熙彦 (2000)．入門 多変量解析の実際（第2版）．講談社．

朝野熙彦 (2008a)．コレスポンデンス分析の空間表現――PSVD の提案――．マーケティング・リサーチャー，**107**, 43-53.

朝野熙彦 (2008b)．R によるマーケティング・シミュレーション．同友館．

朝野熙彦・鈴木督久・小島隆矢 (2005)．入門 共分散構造分析の実際．朝倉書店．

Baier, D., Gaul, W. and Schader, M. (1997). Two-mode overlapping clustering with applications to simultaneous benefit segmentation and market structuring. *In* Klar, R. and Opitz, O. (Eds.), *Classification and Knowledge Organization*, pp. 557-566. Berlin：Springer.

Baker, F. B. and Hubert, L. (1976). A graph-theoretic approach to goodness-of-fit in complete-link hierarchical clustering. *Journal of the American Statistical Association*, **71**, 870-878.

Bell, D. R. and Lattin, J. M. (2000). Looking for loss aversion in scanner panel data：The confounding effect of price response heterogeneity. *Marketing Science*, **19**, 185-200.

Ben-Akiva, M. and Lerman, S. R. (1985). *Discrete Choice Analysis：Theory and Application to Travel Demand*. Cambridge, MA：MIT Press.

文　献

Berry, M. J. A. and Linoff, G. S. (2000). *Mastering Data Mining: The Art and Science of Customer Relationship Management.* New York: John Wiley & Sons. (江原　淳・金子武久・斉藤史朗・佐藤栄作・清水　聰・寺田英治・守口　剛（訳）(2002a). マスタリング・データマイニング：CRMのアートとサイエンス（理論編）. 海文堂;江原　淳・金子武久・斉藤史朗・佐藤栄作・清水　聰・寺田英治・守口　剛（訳）(2002b). マスタリング・データマイニング：CRMのアートとサイエンス（事例編）. 海文堂.)

Berry, M. J. A. and Linoff, G. S. (2004). *Data Mining Techniques: For Marketing, Sales, and Customer Relationship Management (2nd. ed.).* New York:Wiley Computer Publishing. (江原　淳・佐藤栄作・上野　勉・朝稲　努・河野順一・寺田英治・斉藤史朗・谷岡日出男・藤本浩司（訳）(2005), データマイニング手法：営業，マーケティング，CRMのための顧客分析. 海文堂.)

Bettman, J. (1979). *An Information Processing Theory of Consumer Choice.* New York: Addison-Wesley.

Blasius, J. and Greenacre, M. (Eds.)(1998). *Visualization of Categorical Data.* San Diego, CA: Academic Press.

Bonnett, D. G. and Bentler, P. M. (1983). Goodness-of-fit procedures for the evaluation and selection of log-linear models. *Psychological Bulletin,* **93**, 149-166.

Borg, I. and Groenen, P. J. F. (2005). *Modern Multidimensional Scaling: Theory and Applications (2nd. ed.).* New York: Springer.

Bove, G. and Critchley, F. (1993). Metric multidimensional scaling for asymmetric proximities when the asymmetry is one-dimensional. *In* Steyer, R., Wender, K. F. and Widaman, K. F. (Eds.), *Psychometric Methodology,* pp. 55-60. Stuttgart, Germany and New York: Gustav Fisher Verlag.

Bove, G. and Rocci, R. (1999). Methods for asymmetric three-way scaling. *In* Vichi, M. and Opitz, O. (Eds.), *Classification and Data Analysis,* pp. 131-138. Berlin: Springer.

Bradlow, E. T. and Rao, V. R. (2000). A harchical Bayes model for assortment choice. *Journal of Marketing Research,* **37**, 259-268.

Bucklin, R. E. and Gupta, S. (1992). Brand choice, purchase incidence, and segmentation: An integrated modeling approach. *Journal of Marketing Research,* **29**, 201-215.

Bucklin, R. E., Gupta, S. and Siddarth, S. (1998). Determining segmentation in sales response across consumer purchase behaviors. *Journal of Marketing Research,* **35**, 189-197.

Cappel, C. L. and Guterbock, T. M. (1992). Visible colleges: The social and conceptual structure of sociology specialties. *American Sociological Review,* **57**, 266-273.

Carroll, J. D. and Arabie, P. (1980). Multidimensional scaling, *In* Rosenzweig, M. R. and Porter, L. W. (Eds.), *Annual Review of Psychology,* Vol. 31, pp. 607-649. Palo Alto, CA: Annual Reviews.

Carroll, J. D. and Arabie, P. (1983). INDCLUS: An individual differences generalization of the ADCLUS model and the MAPCLUS. *Psychometrika,* **48**, 157-169.

Carroll, J. D. and Chang, J. J. (1970). Analysis of individual differences in multidimensional scaling via an N-way generalization of "Eckart-Young" decomposition. *Psychometrika,* **35**, 283-319.

Chang, W. C. (1983). On using principal components before separating a mixture of two multivariate normal distributions. *Applied Statistics,* **32**, 267-275.

千野直仁 (1997). 非対称多次元尺度構成法一行動科学における多変量データ解析一. 現代数学社.

千野直仁・岡太彬訓 (1996). 非対称多次元尺度構成法とその周辺，行動計量学，**23**, 130-152.

Cliff, N. (1966). Orthogonal rotation to congruence. *Psychometrika,* **31**, 33-42.

Corter, J. and Tversky, A. (1986). Extended similarity trees. *Psychometrika*, **51**, 429-451.
Cox, T. F. and Cox, M. A. A. (2001). *Multidimensional Scaling (2nd. ed.)*. Boca Raton, FL：Chapman & Hall.
Cox, T. F., Cox, M. A. A. and Branco, J. A. (2001). Multidimensional scaling for n-tuples. *British Journal of Mathematical and Statistical Psychology*, **44**, 195-206.
Crawford, C. B. and Ferguson, G. A. (1970). A general rotation criterion and its use in orthogonal rotation. *Psychometrika*, **35**, 321-332.
Dempster, A. P., Laird, N. M. and Rubin, D. B. (1976). Maximum likelihood from incomplete data via the EM algorithm. *Journal of Royal Statistic Society, Series B*, **39**, 1-38.
DeSarbo, W. S. (1982). GENNCLUSS：New models for general nonhierarchical clustering analysis. *Psychometrika*, **47**, 449-475.
DeSarbo, W. S., Jedidi. K., Cool, K. and Schendel, D. (1990). Simultaneous multidimensional unfolding and cluster analysis：An investigation of strategic groups. *Marketing Letters*, **2**, 129-146.
DeSarbo, W. S., Jedidi. K. and Johnson, M. D. (1991). A new clustering methodology for the analysis of sorted or categorical stimuli. *Marketing Letters*, **2**, 267-279.
DeSarbo, W. S., Johnson, M. D., Manrai, A. K., Manrai, L. A. and Edwards, M. A. (1992). TSCALE：A new multidimensional scaling procedure based on Tversky's contrast model. *Psychometrika*, **57**, 43-69.
DeSarbo, W. S., Manrai, A. K. and Manrai, L. A. (1993). Non-spatial tree models for the assessment of competitive market structure：An integrated review of the marketing and psychometric literature. *In* Eliashberg, J. and Lilien, G. L. (Eds.), *Handbooks in Operations Research and Management Science：Marketing*, pp. 193-257. Amsterdam：North-Holland.（岡太彬訓（訳）(1997). 競争市場構造の評価と非空間的木構造モデル：マーケティングと計量心理学における展望．森村英典・岡太彬訓・木島正明・守口　剛（監訳），マーケティングハンドブック，pp. 201-257. 朝倉書店.）
DeSarbo, W. S., Wedel, M., Vriens, M. and Ramaswamy, V. (1992). Latent class metric conjoint Analysis, *Marketing Letters*, **3**, 273-288.
Domenich, T. A. and McFadden, D. (1975). *Urban Travel Demands：A Behavioural Analysis*. Amsterdam：North-Holland.
Everitt, B. S. (1979). Unresolved problems in cluster analysis. *Biometrics*, **35**, 169-181.
Everitt, B. S. and Rabe-Hesketh, S. (1997). *The Analysis of Proximity Data*. London：Arnold.
Forsyth, D. A. and Ponce, J. (2003). *Computer Vision：A Modern Approach*. New York：Prentice Hall.（大北　剛（訳）(2003). コンピュータビジョン．共立出版.）
Frank, K. A. (1996). Mapping interaction within and between cohesive subgroups. *Social Networks*, **18**, 93-119.
Goodman, L. A. (1971). The analysis of multidimensional contingency tables：Stepwise procedures and direct estimation methods for building models multiple classification. *Thecnometrics*, **13**, 33-61.
Goodman, L. A. (1972). A general model for the analysis of surveys. *American Journal of Sociology*, **77**, 1035-1086.
Gordon, A. D. (1996). Hierarchical classification. *In* Arabie, P. L., Hubert, J. and De Soete, G. (Eds.), *Clustering and Classification*, pp. 65-121. River Edge, NJ：World Scientific.
Gordon, A. D. (1999). *Classification (2nd. ed.)*. Boca Raton, FL：Chapman & Hall.

Gower, J. C. and De Rooij, M. (2003). A comparison of the multidimensional scaling of triadic and dyadic distances. *Journal of Classification*, 20, 115-136.

Green, P. E. and Srinivasan, V. (1990). Conjoint analysis in marketing: New developments with implications for research and practice. *Journal of Marketing*, 54, 3-19.

Greenacre, M. J. (1984). *Theory and Applications of Correspondence Analysis*. London: Academic Press.

Greenacre, M. J. (2007). *Correspondence Analysis in Practice (2nd. ed.)*, Boca Raton, FL: Chapman & Hall.

Greenacre, M. and Blasius, J. (Eds.) (2006). *Multiple Correspondence Analysis and Related Methods*. Boca Raton, FL: Chapman & Hall.

Han, J. and Kamber, M. (2001). *Data Mining: Concepts and Techniques*. San Diego, CA: Academic Press.

Harshman, R. A., Green, P. E., Wind, Y. and Lundy, M. E. (1982). A model for the analysis of asymmetric data in marketing research. *Marketing Science*, 1, 205-242.

Heiser, W. J. and Bennani, M. (1997). Triadic distance models: Axiomatization and least squares representation. *Journal of Mathematical Psychology*, 41, 189-206.

Holman, E. W. (1972). The relation between hierarchical and Euclidean models for psychological distances. *Psychometrika*, 37, 417-423.

Hope, K. (1982). Vertical and nonvertical class mobility in three countries. *American Sociological Review*, 47, 99-113.

伊庭幸人・種村正美・大森裕浩・和合 肇・佐藤整尚・高橋明彦 (2005). 統計科学のフロンティア 12 計算統計 II マルコフ連鎖モンテカルロ法とその周辺. 岩波書店.

岩崎 学 (2006). 統計的データ解析入門 単回帰分析. 東京図書.

Jennrich, R. I. and Sampson, P. F. (1966). Rotation for simple loadings. *Psychometrika*, 31, 313-323.

Johnson, S. C. (1967). Hierarchical clustering schemes. *Psychometrika*, 32, 241-254.

Joly, S. and Le Calvé, G. (1995). Three-way distances. *Journal of Classification*, 12, 191-205.

Jöreskog, K. G. (1967). Some contributions to maximum likelihood factor analysis. *Psychometrika*, 32, 443-482.

Jöreskog, K. G. (1969). A general approach to confirmatory maximum likelihood factor analysis. *Psychometrika*, 34, 183-202.

Jöreskog, K. G. and Lawley, D. N. (1968). New methods in maximum likelihood factor analysis. *British Journal of Mathematical and Statistical Psychology*, 21, 85-96

Kamakura, W. A. and Russel, G. J. (1987). A probabilistic choice model for market segmentation and elasticity structure. *Journal of Marketing Research*, 26, 379-390.

加藤直樹・矢田勝俊・羽室行信 (2008). データマイニングとその応用. 朝倉書店.

木村好美・岡太彬訓 (2002). 年齢・性別によって価値観は異なるのか？. 柳井晴夫・岡太彬訓・繁桝算男・高木廣文・岩崎 学 (編), 多変量解析実例ハンドブック, pp. 594-602. 朝倉書店.

Kruskal, J. B. (1964a). Multidimensional scaling by optimizing goodness of fit to a nonmetric hypothesis. *Psychometrika*, 29, 1-27.

Kruskal, J. B. (1964b). Nonmetric multidimensional scaling: A numerical method. *Psychometrika*, 29, 115-129.

Kruskal, J. B. (1965). Analysis of factorial experiments by estimating monotone transformations of

the data. *Journal of the Royal Statistical Society, Series B*, **27**, 252-263.
Kruskal, J. B. (1977). The relationship between multidimensional scaling and clustering. *In* Ryzin, J. V. (Ed.), *Classificationa and Clustering*, pp. 17-44. New York: Academic Press.
Lance, G. N. and Williams, W. T. (1966). A generalised sorting strategy for computer classifications. *Nature*, **212**, 218.
Lance, G. N. and Williams, W. T. (1967). A general theory of classificatory sorting strategies I. *Computer Journal*, **9**, 373-380.
Ling, R. F. (1971). *Cluster Analysis*. Ann Arbor, MI: University Microfilms. No. 71-22356.
MacQueen, J. B. (1967). Some methods for classification and analysis of multivariate observations. *Proceedings of the 5th Berkley Symposium*, **2**, 281-297.
Mazumdar, T. and Papatla, P. (2000). An investigation of reference price segments. *Journal of Marketing Research*, **37**, 246-258.
McCulloch, R. E., Polson, N. G. and Rossi, P. E. (2000). A Baysian analysis of the multinomial probit model with fully identified parameters. *Journal of Econometrics*, **99**, 173-193.
McCulloch, R. E. and Rossi, P. E. (1994). An exact likelihood analysis of the multinomial probit model. *Journal of Econometrics*, **64**, 217-228.
McFadden, D. (1974). Conditional logit analisis of qualitative choice behavior. *In* Zarembka, P. (Ed.), *Frontiers in Econometrics*, pp. 105-142. San Diego, CA: Academic Press.
McLachlan, G. L. and Krishnan, T. (1997), *The EM Algorithm and Extensions*. New York: John Wiley & Sons.
守口 剛 (2001). 市場反応分析. 岡太彬訓・木島正明・守口 剛 (編), マーケティングの数理モデル, pp. 137-166. 朝倉書店.
守口 剛 (2002). プロモーション効果分析. 朝倉書店.
守口 剛 (2003a). マーケティング・サイエンスにおける今後の研究の方向, オペレーションズ・リサーチ, **48**, 507-515.
守口 剛 (2003b). 潜在クラス・ロジット・モデルを利用したロイヤルティ・セグメンテーション. オペレーションズ・リサーチ, **48**, 747-752.
守口 剛 (2007). 潜在クラス分析を用いたマーケット・セグメンテーション. 早稲田大学商学研究科紀要, **65**, 1-11.
Murtagh, F. D. (1993). Cluster analysis using proximities. *In* Mechelen, I. V., Hampton J., Michalski, R. S. and Theuns, P. (Eds.), *Categories and Concepts: Theoretical Views and Inductive Data Analysis*, pp. 225-245. London, England: Academic Press.
Nakai, M. (2007). Women's occupational mobility and segregation in the labour market: Asymmetric multidimensional scaling. *In* Baier, D., Decker, R. and Lenz, H.-J. (Eds.), *Advances in Data Analysis*, pp. 473-480. Heideberg-Berlin, Germany: Springer-Verlag.
Nakayama, A. (2005). A multidimensional scaling model for three-way data analysis. *Behaviormetrika*, **32**, 95-110.
Okada, A. (1988). Asymmetric multidimensional scaling of car switching data. *In* Gaul, W. and Schader, M. (Eds.), Data, *Expert Knowledge and Decisions*, pp. 279-290. Berlin, Germany: Springer-Verlag.
岡太彬訓 (1989). 非対称多次元尺度構成法の原理と応用. 日本音響学会誌, **45**, 131-137.
Okada, A. (1990). A generalization of asymmetric multidimensional scaling. *In* Schader, M. and

Gaul, W.(Eds.), *Knowledge, data and computer-assisted decisions*, pp. 127-138. Berlin, Germany：Springer-Verlag.

Okada, A. (1996). A review of cluster analysis research in Japan. *In* Arabie, P., Hubert, L. J. and De Soete, G. (Eds.), *Clustering and Classification*, pp. 271-294. River Edge, NJ：World Scientific.

岡太彬訓 (2001). 次元の縮約とクラスター化. 岡太彬訓・木島正明・守口 剛 (編), マーケティングの数理モデル, pp. 35-72. 朝倉書店.

岡太彬訓 (2002). 社会学におけるクラスター分析とMDSの応用. 理論と方法, **17**, 167-181.

岡太彬訓 (2008). データ分析のための線形代数. 共立出版.

岡太彬訓・元治恵子 (1995). インスタントコーヒーのブランド変更におけるエンドの効果. オペレーションズ・リサーチ, **40**, 498-501.

Okada, A. and Imaizumi, T. (1987). Multidimensional scaling of asymmetric proximities. *Behaviormetrika*, **No. 21**, 81-96.

岡太彬訓・今泉 忠 (1994). パソコン多次元尺度構成法. 共立出版.

岡太彬訓・今泉 忠 (1996). 友人選好データの分析-2相3元非対称多次元尺度構成法の適用-. 心理学評論, **39**, 459-475.

Okada, A. and Imaizumi, T. (1997). Asymmetric multidimensional scaling of two-mode three-way asymmetric proximities. *Journal of Classification*, **14**, 195-224.

Okada, A. and Imaizumi, T. (2003). Developing a layout of a supermarket through asymmetric multidimensional scaling and cluster analysis of purchase data. *In* Schader, M. Gaul, W. and Vichi, M. (Eds.), *Between Data Science and Applied Data Analysis*, pp. 587-594. Berlin, Germany：Springer-Verlag.

Okada, A., and Sakaehara, T. (2010). Analysis of guarantor and warrantee relationships among government officials in the eighth century in the old capital of Japan by using asymmetric multidimensional scaling. *In* Fink, B., Lausen, W., Seidel, W. and Ultsch, A.(Eds.), *Advances in Data Analysis, Data Handling and Business Intelligence*. pp. 605-614. Heidelberg, Germany：Springer-Verlag.

岡太彬訓・都築誉史・山口和範 (1995). データ分析のための統計入門. 共立出版.

大隅 昇 (1979). データ解析と管理技法. 朝倉書店.

Rossi, P. and Allenby, G. M. (1993). A Bayesian approach to estimating household parameters. *Journal of Marketing Research*, **30**, 171-182.

Rossi, P., Allenby, G. M. and McCulloch, R. (2006). *Bayesian Statistics and Marketing*. Hoboken, NJ：Wiley.

Rossi, P., McCulloch, R. E. and Allenby, G. M. (1996). The value of purchase history data in target marketing. *Marketing Science*, **15**, 321-340.

Rud, O. P. (2001). *Data Mining Cookbook*. New York：John Wiley & Sons.

佐部利真吾 (2008). 背景色と文字色の組み合せに対する視認性の構造-最尤非対称多次元尺度構成法による分析-. 行動計量学, **35**, 193-201.

Saburi, S. and Chino, N. (2008). A maximum likelihood method for an asymmetric MDS model. *Computational Statistics and Data Analysis*, **52**, 4673-4684.

Shepard, R. N. (1962). The analysis of proximities：Multidimensional scaling with an unknown distance function II. *Psychometrika*, **27**, 219-246.

Shepard, R. N. and Arabie, P. (1979). Additive clustering: Representation of similarities as

combinations of discrete overlapping properties. *Psychological Review*, **86**, 87-123.
芝 祐順 (1979). 因子分析法 (第2版). 東京大学出版会.
Stevens S. S. (1951). Mathematics, measurement and psychophysics. *In* Stevens, S. S. (Ed.), *Handbook of Experimental Psychology*, pp. 2-49. New York：Wiley. (吉田正昭 (訳) (1968). 計量心理学リーディリングス 2章 数学，測定，精神物理学，pp. 71-132. 誠心書房.)
田畑吉雄・太田拓男 (訳) (1998). 回帰分析とその応用. 現代数学社.
田口玄一 (1976). 実験計画法 上 (第3版). 丸善.
田口玄一 (1977). 実験計画法 下 (第3版). 丸善.
照井伸彦 (2008). ベイズモデリングによるマーケティング分析. 東京電機大学出版局.
Thurstone, L. L. (1959). *The Measurement of Values*. Chicago：University of Chicago Press.
Torgerson, W. S. (1952). Multidimensional scaling：I. Theory and method. *Psychometrika*, **17**, 401-419. (吉田正昭 (訳) (1968). 計量心理学リーディリングス 4章 多次元尺度の構成：I—理論と方法—, pp. 143-158. 誠心書房.)
豊田秀樹 (1996). 非線形多変量解析—ニューラルネットによるアプローチ. 朝倉書店.
豊田秀樹 (1998). 共分散構造分析 [入門編]：構造方程式モデリング. 朝倉書店.
豊田秀樹 (編) (2003). 共分散構造分析 [疑問編]：構造方程式モデリング. 朝倉書店.
豊田秀樹 (編著) (2008a). データマイニング入門：Rで学ぶ最新データ解析. 東京図書.
豊田秀樹 (編著) (2008b). マルコフ連鎖モンテカルロ法. 朝倉書店.
Tversky, A. (1977). Foundations of similarity. *Psychometrika*, **84**, 327-352.
和合 肇 (編著) (2005). ベイズ計量経済分析：マルコフ連鎖モンテカルロ法とその応用. 東洋経済新報社.
Ward, J. H. (1963). Hierarchical grouping to optimise an objective function. *Journal of the American Statistical Association*, **58**, 236-244.
Warrens, M. J. (2008). On multi-way metricity, minimality and diagonal planes. *Advances in Data Analysis and Classification*, **2**, 109-119.
渡辺美智子・山口和範 (編著) (2000). EMアルゴリズムと不完全データの諸問題. 多賀出版.
Wedel, M. and Kamakura, W. A. (2000). *Market Segmentation：Conceptual and Methodological Foundations* (2nd. ed.). Norwell, MA：Kluwer Academic Publishers.
Wiedenbeck, M. and Krolak-Schwerdt, S. (2009). ADCLUS：A data model for the comparison of two-mode clustering methods by Monte Carlo simulation. *In* Okada, A., Imaizumi, T., Gaul, W. and Bock, H. H. (Eds.), *Cooperation in Classification and Data Analysis*, pp. 41-51. Heidelberg, Germany：Springer.
Wonnacott, T. H. and Wonnacott, R. J. (1981). *Regression*. New York：John Wiley & Sons.
柳井晴夫・繁桝算男・前川眞一・市川雅教 (1990). 因子分析—その理論と応用—. 朝倉書店.
Yokoyama, S., Nakayama, A. and Okada, A. (2009). One-mode three-way overlapping cluster analysis. *Computational Statistics*, **24**, 165-179.
Young, F. W. (1972). A method for polynomial conjoint analysis algorithms. *In* Shepard, R. N., Romney, A. K. and Nerlove, S. B. (Eds.), *Multidimensional Scaling：Theory and Applications in the Behavioral Sciences Vol.1 Theory*, pp. 69-104. New York：Seminar Press. (岡太彬訓・渡邊惠子 (訳) (1976). 多次元尺度構成法 I 理論編 4章 多項式コンジョイント分析モデル, pp. 77-114. 共立出版.)
Zielamn, B. (1991). Three-way scaling of asymmetric proximities. *Research Report RR91-01*,

Department of Data Theory, University of Leiden.

Zielamn, B. and Heiser, W. J. (1993). Analysis of asymmetry by a slide vector. *Psychometrik*, **58**, 101-114.

Zielamn, B. and Heiser, W. J. (1996). Models for asymmetric proximities. *British Journal of Mathematical and Statistical Psychology*, **49**, 124-146.

索　引

欧　文

ADCLUS　84, 89
AGFI　110
AIC　96

BIC　96

CAIC　96
CART　135
CFI　111
CHAID　135
CLINK法　61
C5.0　135, 140

EMアルゴリズム　94
E-Step　94

FSP　11
F値　139

GFI　110

ID付きPOSデータ　11, 92, 119, 133
INDCLUS　88
INDSCAL　40

k-means法　75

MAPCLUS　84
Max法　61
MCMC法　5
Min法　61

M-Step　94

POSデータ　9, 11, 119

RMSEA　111

SEM　104, 112
SLINK法　62

Webアクセス・ログ・データ　12

あ　行

アソシエーションルール　4, 130, 132

一次データ　9
因子　22
　共通因子　22
因子得点　16, 24
因子得点行列　24
因子負荷行列　24
因子負荷量　16, 23, 25
因子分析法　16, 21
　主因子分析法　23

ウォード法　69, 74, 80

枝狩り　136
エントロピー　135

オーソマックス法　24

か 行

階層クラスター　62, 67
階層クラスター分析法　62
階層ベイズモデル　125
回転　43
　　因子の――　24
　　斜交回転　24
　　直交回転　24, 35, 51
　　プロクラステス回転　53
確率的効用モデル　118
加算定数　84
過剰学習　136
過剰適応　137
間隔尺度　9
完全データのクラスター分析　77

機能便益　14, 113, 126
協調フィルタリング　132
共分散構造　106
共分散構造分析法　104
距離
　　点間距離　30, 65
　　ミンコフスキー距離　41
　　ユークリッド距離　28, 40, 75
近傍グループ化　132

クラスター数　62, 75, 84
　　――の決定　86
クラスターの意味の解釈　68, 76, 86
クラスター分析法　61, 76
　　階層クラスター分析法　62
　　完全データの――　77
　　視覚的（主観的）"クラスター分析"　77
　　重複クラスター分析法　82
　　縮約データの――　77
　　反復的非階層クラスター分析法　75
　　非階層クラスター分析法　62, 75, 83
クラスタリング　131
クルスカルの多次元尺度構成法　26, 32, 41, 44, 56

クロス集計　130

計量的多次元尺度構成法　32
ゲイン　136
ゲイン比　135
欠測値　38, 58
決定木　4, 130, 133, 139
元　6
検証的因子分析　104

交差妥当性検証　137
構造方程式モデリング（SEM）　104, 112
購買履歴データ　119
効用　56
　　合理的部分効用　57
　　初期部分効用　57
　　部分効用　56, 59
合理的部分効用　57
顧客セグメンテーション　130
顧客の生涯価値　2
顧客離脱　131
顧客ロイヤルティ　2
個人差多次元尺度構成法　40
個人差非対称多次元尺度構成法　52
固有値　16, 23
固有ベクトル　23
コレスポンデンス分析法　4, 15
コンジョイント分析法　55, 98

さ 行

最遠隣法　61
最近隣法　61
再現率　138
最小次元数　34
最小法　61, 66
最大次元数　34
最大反復数　32
最大法　61, 62, 78
最尤推定　94
最尤推定値　95
最尤推定量　123

最尤法 108, 122
散布図 29, 50

シェパードダイアグラム 29
視覚的（主観的）"クラスター分析" 77
識別問題 110
次元数
　最小次元数 34
　最大次元数 34
　布置の―― 31, 34
自己表現便益 113, 126
質問調査データ 11, 119
尺度
　間隔尺度 9
　順序（順位）尺度 9
　比例（比率，比）尺度 9
　名義尺度 9
主因子分析法 23
重複クラスター分析法 82
縮約データのクラスター分析 77
樹状図 67, 74, 78, 80
順序（順位）尺度 9
情緒便益 14, 113, 126
消費者セグメント 2, 91
情報量基準 96
初期部分効用 57
シンジケートデータ 10

水準 56
ストレス 30, 51, 57
ストレスの変化 36

セグメンテーション 91, 98
選好度 8, 56, 57, 59
潜在クラス分析法 91, 99
　――の拡張 97
潜在変数 104, 107

相 6
相関行列 22
相関係数 22
想定する最大次元数 34

属性 56

た 行

第1種極値分布 121
退化 37
多項プロビットモデル 121, 125
多項ロジットモデル 98, 118
　――の拡張 124
多次元尺度構成法 26, 61, 76
　クルスカルの―― 26, 32, 41, 44, 56
　計量的多次元尺度構成法 32
　個人差多次元尺度構成法 40
　個人差非対称多次元尺度構成法 52
　非計量的多次元尺度構成法 32
　非対称多次元尺度構成法 44, 47
　2相3元非対称多次元尺度構成法 52
多重指標モデル 107
対数尤度関数 123
多変量正規分布 121
多母集団の同時解析 115
単調減少関係 30, 37, 51

知覚マップ 15
直交回転 35, 51
直交表 58

ディスパリティー 30, 51
適合度 95, 110, 124
適合度指標 110, 114, 115, 128
適合率 138
データ
　――の出処 9
　――の比較 8
　ID付きPOSデータ 11, 92, 119, 133
　POSデータ 9, 11, 119
　Webアクセス・ログ・データ 12
　一次データ 9
　購買履歴データ 119
　3相3元データ 7
　質問調査データ 11, 119
　シンジケートデータ 10

単相3元データ　8
単相2元データ　7, 21, 27
二次データ　9
2相3元データ　7
2相2元データ　7, 21, 24, 69
データ形式の分類　5
データ分析の手法　3
データ分析の目的　2
データマイニング　4, 130
デモグラフィック属性　91
点間距離　30, 65

等値制約　115

な行

二次データ　9
2重指数分布　121
ニューラルネットワーク　4, 130

は行

パス　106
パス係数　106, 114, 115
パス図　106
バリマックス法　24
反復的非階層クラスター分析法　75
判別率　138

非階層クラスター分析法　62, 75, 83
　反復的非階層クラスター分析法　75
非計量的多次元尺度構成法　32
非対称性　27, 44, 45
非対称多次元尺度構成法　44
非対称類似度　45, 48
非対称多次元尺度構成法　47
非標準解　111, 116
標準解　111, 116
非類似度　67, 69, 87
比例（比率，比）尺度　9

布置　26, 29
　――の解釈　35, 47
　――の次元数　31, 34
　局所極小布置　32
　合理的初期布置　32
　初期布置　32, 43
　退化した布置　37
部分効用　59
　合理的部分効用　57
　初期部分効用　57
フリクェント・ショッパー・プログラム（FSP）
　　11
プロクラステス回転　53
分割エントロピー　136
分散共分散行列　105
分析の最小次元数　34

ベイズ法　5
偏差平方和　69

ポジショニング分析　13
　――の方法　15

ま行

マルコフ連鎖モンテカルロ法（MCMC法）
　　5

ミンコフスキー距離　41

名義尺度　9

や行

尤度関数　123
ユークリッド距離　28, 40, 75

ら行

リコメンデーション　131

類似度　29, 32, 37, 41, 63, 84
　単相3元類似度　88

単相2元類似度　27, 39, 47, 61
2相3元非対称類似度　51
2相3元類似度　39, 87
2相2元類似度　39, 46
非対称単相2元類似度　27
非対称類似度　45, 48

非類似度　38, 67, 69, 87
類似度関係　26, 45, 61

ロイヤルティ　54, 102
ロジスティック分布　122

著者略歴

岡太 彬訓（おかだ あきのり）

1943年　東京都に生まれる
1966年　慶應義塾大学工学部卒業
1977年　慶應義塾大学大学院工学研究科博士課程修了
現　在　多摩大学大学院経営情報学研究科教授
　　　　工学博士

守口 剛（もりぐち たけし）

1957年　新潟県に生まれる
1979年　早稲田大学政治経済学部卒業
1996年　東京工業大学大学院理工学研究科博士課程修了
現　在　早稲田大学商学学術院教授
　　　　博士（工学）

シリーズ〈行動計量の科学〉2
マーケティングのデータ分析
―分析手法と適用事例―

定価はカバーに表示

2010年 6月25日　初版第1刷
2020年 7月25日　　　第3刷

著　者　岡　太　彬　訓
　　　　守　口　　　剛
発行者　朝　倉　誠　造
発行所　株式会社　朝　倉　書　店

東京都新宿区新小川町6-29
郵便番号　162-8707
電話 03(3260)0141
FAX 03(3260)0180
http://www.asakura.co.jp

〈検印省略〉

© 2010〈無断複写・転載を禁ず〉

印刷・製本 東国文化

ISBN 978-4-254-12822-2　C 3341　　Printed in Korea

JCOPY 〈出版者著作権管理機構 委託出版物〉

本書の無断複写は著作権法上での例外を除き禁じられています。複写される場合は、そのつど事前に、出版者著作権管理機構（電話 03-5244-5088, FAX 03-5244-5089, e-mail: info@jcopy.or.jp）の許諾を得てください。